ちくま新書

皇室法入門

園部逸夫
Sonobe Itsuo

1470

皇室法入門【目次】

はじめに　011

序章　皇室制度の根本にあるもの　017

1　制度の根本――「象徴制」と「世襲制」　018
皇室制度の基礎となる二つの価値／象徴制――人が象徴となる制度／世襲制――血統が地位を決める制度／象徴制と世襲制の関係

2　制度を形作る主体――天皇・国民・政府　024
三つの主体／天皇・皇室――制度の中心的担い手／国民・国会――制度の制定者であり享受者／政府（内閣）――制度運用の責任者

3　制度の特色　029
国の制度であるとともに特定の限られたご一族に関する制度／柔軟性を持つ制度／皇室と国民との信頼関係により成立し維持される制度／長い歴史を背景に持つ制度

第一章　天皇はどのような地位にあるのか　037

1　象徴という地位であること　038

象徴という地位の法的意味／象徴の地位と「元首」との関係／象徴の地位と「代表」「君主」との関係／人が象徴になるとはどういうことか／人が国家・国民統合の象徴になることの条件／なぜ天皇が日本国及び日本国民統合の象徴なのか／象徴であり続けることと退位（譲位）の意義

2　世襲による地位であること　054
憲法第二条の「世襲」はどのような意味か／世襲による地位の継承はどのような特色をもつのか／世襲制の特色と現在の皇室制度／世襲制と退位（譲位）という選択について

3　「象徴という地位」「世襲による地位」と基本的人権　065
天皇・上皇・皇族と基本的人権との関係／身分に関する制約／行為についての自由と制約／私有財産に対する制約

4　天皇の地位と皇室経済　075
財産制度の仕組み／経費はどのように処理されているのか／課税はどうなっているか／象徴の地位と皇室経済

第二章　天皇はどのような行為をおこなうのか　083

1　「天皇は国事行為だけをなされば良い」という議論について　084

象徴という地位と天皇の行為／象徴であるために公的行為は必要ではないという考え方／象徴天皇制度において天皇の行為はどういう意義を持つのか

2　天皇の行為を支える法的な枠組み　090

行為に公私の区別が設けられること／国事行為・公的行為・私的行為（その他の行為）という三分類／政府の考える「公」について――公的行為における「公」とは何か／「その他の行為」における「公」とは何か／国政不関与であるとはどういうことか／天皇の政治的行為の禁止／天皇の政治利用の禁止／天皇は政治から超越した地位にあるべき／政教分離原則／皇位継承儀式をどう捉えるか／宮中祭祀について

3　国民は天皇の行為をどのように受け止めているか　112

世論調査に見る国民の期待／象徴としての行為と天皇の意思／天皇の行為が持つ国民への影響力をどのように考えるか

第三章　皇族とはどのような存在か

129

1　皇族制度の意義　130

皇室のご活動を維持するために――象徴制との関係／皇位継承資格者の確保――世襲制との関係

2　天皇、上皇、皇族　131
天皇と皇族との相違／天皇と上皇の関係／皇族の活動と皇室の一体性
3　皇族の範囲・区分　139
現在の制度／皇族の範囲の歴史的変遷
4　次代の天皇としての皇嗣とは、皇太子とは　146
皇嗣の制度と歴史／皇太子と他の皇族との待遇の違い／皇太子制度の意義／皇嗣と皇太子を区別する意味はどこにあるのか／「特例法」が定める皇嗣は、皇太子同様になる
5　后妃《こうひ》とはどのような地位で、どのような役割があるのか　154
后妃の制度——后と妃の区別／制度の歴史上最も難しいと言える役割／象徴制度における重要な役割／世襲制度の維持とお一方の配偶／后妃の確保
6　皇族が国民になるとき、国民が皇族になるとき　161
皇籍離脱／現行皇室典範における皇籍離脱／一般国民が皇族の身分を取得する場合
7　皇室の規模——皇族の意義にふさわしい規模とは　164
永世皇族制と皇室の規模／ご活動を無理なく分担するには／世襲制度を維持するための観点／皇室の規模を調整する制度的対応方法

第四章　皇位はどのように継承されるのか　171

1　皇位継承制度を考える際に忘れてはならない点　172
人に着目せず、制度についての議論をすべき／皇位継承資格と皇位継承順序を区別して議論をすべき

2　皇位継承資格とは　176
皇統に属する男系男子の皇族が皇位を継承／男系・女系の意味について／皇統とは何か／憲法第二条の世襲は男系継承のみか、女系継承も含むのか／皇族の身分にあること

3　皇位継承順序とは　182
直系・長系・近親優先が基本となる／直系継承・傍系継承の歴史／直系優先原則の皇室制度への影響／長子・長系優先の意義／継承順序は皇室会議により変更できる

4　皇位継承原因を考える　192
皇位継承原因はなぜ崩御のみなのか／天皇の地位に即かれた方は終生皇位にあるべきか——特例としての退位

5　皇室制度の根本に係る課題　196
次世代の皇位継承資格者はお一方のみ／平成時代後半の議論／国民の総意と歴史の関係をどう考えるか

終章　制度の安定のために　207
1　象徴制度の安定とは　209
平成の象徴像が一つの基準に／制度の安定とご活動の維持
2　世襲制度の安定とは　212
皇室典範特例法附帯決議による検討の促進／問題をどのように設定するのか／問題をいつまでに解決すべきか／どのような論点についてどのように考えるか／第一の観点――歴史・伝統との関係／系統をどう考えるか／皇籍離脱および皇籍復帰について考慮すべき／第二の観点――国民の総意、国民の皇室への期待との関係／国民をどうとらえるか／どのような天皇・象徴が継承されることを国民が期待しているのか／第三の観点――当事者のご意向を考える／女性皇族の配偶者について／旧皇族の男系男子子孫のご意向も尊重すべき／皇室経済への影響（国民の負担への配慮）
3　象徴天皇制度にふさわしい議論とは　237
象徴制度・世襲制度の安定のために／多様な意見をどうまとめるか
附録　一人一人が考えるために　243
対応案1：悠仁親王殿下ご結婚後まで検討先送り案／対応案2：議論の状況に応じて検討先送り案／対応案3：議論の状況に応じ、検討課題を皇室のご活動維持の問題に変更する案／対応案4：

現在の皇位継承資格者を優先した上で検討を行う案／対応案5：皇位継承資格を男系女子に拡大する女性天皇案／対応案6：旧皇族の男系男子子孫を皇族とする案／対応案7：旧皇族の男系男子子孫のうち女系で現在の天皇家に近い方を皇族とする案／対応案8：皇位継承資格を女性・女系に拡大する案／対応案9：天皇陛下にお決めいただくこととする案／対応案10：その他の対応案

参考資料

皇室の構成 254
日本国憲法（抜粋） 256
皇室典範 259
天皇の退位等に関する皇室典範特例法 265
主な参考文献 270
おわりに 281

はじめに

本書の意図は二つあります。一つは皇室制度の基本的な仕組みと内容を説明することであり、もう一つは制度が現在直面している課題を解決するための考え方を示すことです。

平成三十一年（二〇一九）四月三十日をもって平成の御代は終わりご譲位により皇位は途切れることなく継承され令和の御代を迎えました。

そうした中、平成時代から引き継がれた課題が残されたままになっています。

動きがないわけではありません。天皇の退位等に関する皇室典範特例法（平成二十九年〈二〇一七〉公布）の法案裁決に当たっては衆参両院でそれぞれ附帯決議がなされ、お代替わり後速やかに安定的な皇位継承を確保するための方策を検討することとされています。

皇位継承問題については国民的議論が必要といった論調のマスコミの記事もしばしば見かけます。本書のなかでも述べますように、国民が皇室制度の中にあって重要な役割を担っていること、そして制度を享受する立場でもあることを考えれば当然の提言と言えるでしょう。

ただ、どのような形でどのような点について議論を行えば国民的議論と言えるのか。これは具体的な在り方を考えるとかなり難しい問題です。

皇室制度についての議論をめぐる現在のこうした状況を前にして、私のできることは極めて限られていますが、行政法の研究者として制度に向き合ってきた一人の立場から、せめてもの気持ちで本書をまとめることにしました。

本書の概要を述べてみます。

序章では皇室制度の根本にある価値（象徴・世襲）と制度の主体（天皇・国民・政府）などを説明しました。これによって後に続く各章で説明する個々の制度が何を目指し何により支えられているかが理解しやすくなるのではないかと考えています。

とはいえ、象徴制・世襲制の説明は具体的ではない箇所もあるために、わかりにくいと感じられる方もいるかもしれません。その場合は第四章まで読まれて象徴制・世襲制の具体的な内容に接してから、もう一度序章を読まれるとわかりやすくなるのではないかと思います。

第一章では天皇の地位について述べています。天皇が象徴という地位であることと世襲による地位であることのそれぞれの背景と皇室制度全般との関係を説明します。こうした特別な地位にあることによって人権がいかに制約されるかについてもここで述べます。天皇はじめ皇室を構成される方々が制度上いかに大変なお立場に置かれているのかを理解いただけることでしょう。

第二章は、いわば天皇の行為論になります。特に象徴制との関係で意義深い天皇の行為について法的な枠組みと国民の受け止め方を説明し、様々な制約のある中で、皇室のご活動が象徴天皇制度を支える上でいかに大きな役割を果たしているかが読者に伝わればと思います。皇室制度の将来について考える際、この皇室のご活動の意義という観点も忘れないでほしいと考えています。

第三章は、皇族制度全般について説明します。皇族は天皇に連なるお立場から天皇をお支えする方々であること、その中でも特別なお立場にある皇后、皇太子の役割などを特記して見ていきます。皇室典範特例法による身分である上皇、上皇后、皇嗣《こうし》についてもあわせて述べます。上皇は皇族ではない特別の身分ですが本章で述べます。

また今後の皇室制度議論に関連がある皇族の身分の得喪《とくそう》、皇室の規模についてもここで述べておきます。

第四章は、皇位継承制度について制度の概要を中心に説明し、同章の最後で継承制度の課題に触れ、終章につなぐこととしました。皇位継承資格、皇位継承順序、皇位継承原因のそれぞれの制度は、制度自体はさほど複雑ではありませんが、制度の背景にある歴史、思想、社会的意味は大変奥深いものです。制度の議論に読者が参加されるための前提として、制度の基本を理解いただければと願っています。

終章では、皇室制度が将来も安定した制度として続くためにどのような議論が望ましいか考え方をまとめました。中心となっているのは皇位継承制度、とりわけ皇位継承資格の問題です。ただし本書ではこの問題について読者にお考えいただくための観点を提示することとし、皇位継承制度の改正方向について私見を述べることは控えました。皇位継承制度の問題は国民が総合的に判断をして結論を出すべき問題であり、私がすべきことは法制度面からの説明であって議論の方向を示唆することではないと考えているからです。

皇室制度は多面性を持つ制度です。皇室制度の背景には制度を支える様々な価値観・皇室観があり、そして皇室制度によって実現が期待される価値も大変幅が広いことが本書を通じて少しでも伝わればというのが著者の願いです。

皇室制度は様々な価値を包含するとともに価値観が錯綜している制度であることを念頭に置き、この複雑さを受け入れた上で何を優先することが正統な制度を維持することになるのか、読者にはご自身で皇室像を描きつつこれからの皇室制度を考えていただければ幸いです。どこまで執筆の意図が実現しているかは読者一人一人にご判断いただくしかないと考えますが、皇室制度が永く続くために慎重で冷静な国民的議論が今後進められ、議論に当たっての一助になれば、著者としてこれ以上の喜びはありません。

なお、本書では制度上の天皇、上皇及び皇族について述べる際には敬語を使用せず、現在の天皇陛下、上皇陛下、皇族方の具体的なご行動等について述べる際には敬語を使用することを原則としました。ただ制度としての行為の説明と具体的なご行動の説明の区別が難しい面などもあり、敬語の使用法が必ずしも原則通りに表記されていないと受け止められる箇所もあるかと思われます。ご容赦のうえ読み進められたく願います。

〔注〕本書の内容は拙著『皇室制度を考える』（中央公論新社、平成十九年〈二〇〇七〉）と一部重なる箇所がある。同書が現在入手困難であり、概要を知りたいという読者への便宜を図りたいこと、また本書と執筆意図が共通することから、同書について現時点での見直しを行いつつ内容を引き継ぎ、皇室制度を取り巻く状況の変化を考慮し新たに再構成したものが本書である。既に『皇室制度を考える』を読まれた方のために両書の関係を一言申し添える次第である。

序　章

皇室制度の根本にあるもの

1　制度の根本——「象徴制」と「世襲制」

†皇室制度の基礎となる二つの価値

皇室の歴史は長く、その制度も我が国の歴史とともにあり幾多の変遷を経ている。現在の皇室制度については昭和二十二年（一九四七）五月三日施行の日本国憲法がその基本を定めており、第一条の象徴規定（象徴制）と第二条の世襲規定（世襲制）が制度の根本を支えている価値であると私は考えている。

象徴制と世襲制が現在の皇室制度の根本を支えているということの具体的な意味や内容は第一章以降で述べるが、本章ではまず象徴制と世襲制が規範としてどのような性格と内容を持っているのかを概観しておきたい。象徴制と世襲制に基づく規範が皇室制度についての様々な問題を考えるときに常に立ち戻るべき根本原則であると考えるからである。

†象徴制——人が象徴となる制度

憲法は人である天皇を象徴と定めている（第一条）。そして人を象徴と定めていることから、その人である天皇の地位の在り方と行動の在り方に対して象徴であることに伴う規範が導かれることになる。

そもそも象徴とは何かということについては第一章に譲り、ここではまず天皇が象徴であるとされることの根拠との関係から、象徴の地位に求められる規範を導き出すこととしたい。天皇が「これこれの点」で象徴にふさわしいから象徴とされているのであれば、この「これこれの点」を維持することが象徴であり続けるための規範となると考えるからである。

高辻正巳氏は憲法第一条の趣旨について、日本国民は日本社会の古来からの伝統を尊重しその総意により天皇という地位を認め、古来からの皇統に属する特定の人が皇位に即《つ》き天皇となった場合にはこの天皇の御一身が日本国を表明し日本国民の統合を体現するものとした、という説明をしている（高辻正巳『憲法講説』改訂版）。天皇が象徴であると定められた根拠についてはこの説明を基に考えるとわかりやすい。

ただ、この説明では憲法第一条の国民の総意の中に国民がいだく伝統尊重意識を織り込み、総意と伝統尊重とを結びつけている。私は天皇が象徴である根拠として「国民の総意」と「歴史・伝統」を切り離して二つの根拠があるとした方が制度に関する個々の問題の論点を整理しやすいと考えるので、一応この二つを説明の便宜の点から別の根拠としておきたい。

この「国民の総意」と「歴史・伝統」という天皇が象徴である二つの根拠から、天皇の象徴としての在り方については、次のようないくつかの規範を導くことができる。

まず、象徴天皇の地位は国民の総意を根拠とすることから、国民の間で意見が一致していない事柄について天皇が特定の立場に立つことはふさわしくないことが導かれ、中立性、公平性が求められ、政治とは無関係であることが求められることになる。

またこの中立性等の観点からは象徴として天皇が特定の宗教を支援することは認められないことになるが、これはもう一つの根拠である歴史・伝統との関係との調整を要する問題であるといえる（例えば皇室において伝統的に行われている宮中祭祀《さいし》や大嘗祭《だいじょうさい》を象徴としての立場で天皇が行うことができるかどうかという問題に結びつく）。

さらに天皇が何を象徴するかということからも規範が導かれる。すなわち天皇は国の象徴であり国民統合の象徴であることから、象徴としては国家レベルの活動や国民全体に関する活動が期待され特定の私的団体の利益を代表する立場に立つことや活動をすることは避けなければならない。また国民の間に対立がある事柄について一方の立場に立つことは統合の象徴にはふさわしくないことになり、これは前記と同様中立性、公平性という規範に結びつくことになる。

さらに歴史・伝統を根拠とすることから、歴史上の天皇の在り方や伝統に沿った在り方が象徴天皇に期待されることになる。国家の安寧や国民の幸福を祈り、高い徳を持ち、学術を奨励し自らも励まれるという在り方が、規範的な意味を持つことになるゆえんである。

†世襲制──血統が地位を決める制度

憲法は第二条で「皇位は、世襲のもの」と定めており、皇位は憲法制定時に天皇の地位にあるとされた方（昭和天皇）の血統（皇統）に属する方が継承することにより正統なものとされることになる。

前項で示した象徴制に由来する規範内容が解釈の幅があり個々の事案に適用する際に見解が分かれる可能性があるのに比べ、皇位の世襲制を維持するための規範内容は、簡明であるといえる。

世襲制維持の規範とは、現在まで正統なものとして継続している天皇の血統の継続を維持すべきであるということであり、これが基本の規範となるということである。

そしてこの世襲制を維持するために、皇室典範にも婚姻に関する制度が定められ、また一定の範囲の天皇の親族を国が特定の身分に位置付けて皇族とするなど、皇位継承資格者を確保する制度が定められている。

この世襲制から導かれる規範について「歴史・伝統」との関係をどのように考えるかについては議論が分かれるところである。

すなわち、この世襲制の原則を定めた憲法の規定については、①天皇という歴史的・伝統的存在の継承の在り方を基に定めた確認的な規定とする考え方と、②憲法第一条で象徴と定められた天皇の地位の継承の仕方として新たに創設的に定められた規定とする考え方とが可能であり、この考え方に応じて、世襲制から導かれる規範内容において「歴史・伝統」をどう位置付けるかが変わってくることになる。①の立場からは歴史・伝統は重要な規範となるが、②の立場に立てば歴史・伝統は世襲制との関係ではさほど意味を持たないことになるのである。

私は、憲法は実際に我が国の歴史を経て現在まで続いてきた天皇を憲法上の天皇と位置づけた上で、その天皇が君主としての側面を有し、かつ歴史的にも象徴的存在であったことを勘案すべきであると考えている。すなわち、天皇が有する象徴としての面を天皇の中心的在り方として、第一条により天皇を確認的に象徴であると定めたと解している。また、憲法第二条は、歴史的に皇位が世襲により継承されてきたことを根拠に、天皇の地位は世襲により継承するものであると確認的に定めたと解する立場である。

このように憲法第二条の世襲を確認的規定と私は解しており、世襲制から導かれる規範として皇位の世襲や世襲制維持に関する諸制度（例えば婚姻制度や皇族制度）の在り方についても、まずは皇室の歴史・伝統を尊重すべきと考えているところである。

ただ、この歴史・伝統の尊重が規範内容の一つとなることは否定できないが、具体的な個々の制度の在り方について考える際には歴史的に変遷もある中でどのような歴史・伝統を尊重して判断していくかが大切と考えている。

†象徴制と世襲制の関係

ここまで象徴制と世襲制という皇室制度の根本にある二つの制度から導かれる規範についてそれぞれ述べてきた。そうした規範相互間で事柄によっては相反するような判断が生ずる場合、どのような考え方の調整を行い制度が作られ、あるいは制度が運用されているのか、ということに関心をお持ちの読者もいると思われる。

例はそう多くはないが、例えば、世襲制維持の観点からはできるだけ多くの皇位継承資格者を確保することが可能になる制度が望ましく、そう考えると非嫡出子も皇族とする制度が望ましいことになる。他方象徴として国民の憧れの中心である立場にある皇室としては、理想の家族の形として非嫡出子を制度上皇族することにはいかがなものかという判断があり、現行制度では嫡出子のみを皇族としているところである。

また、特定の人を象徴とする象徴制の観点からは制度上特別な身分をお持ちいただくのは象徴の地位にある方のみであり、しいて加えるとすれば配偶者に一定の地位を認めるという制度であれば十分であると考えられる。他方で世襲制の観点からは一定範囲の象徴の親族については皇位継承資格をお持ちいただく制度とし、また一定範囲の親族について国がお世話申し上げる特別の身分を持つ「皇族」という制度が設けられている。これらの制度は世襲による象徴制であることに伴うものであり、価値としての平等原則の例外という位置づけになっている。

これらは現行制度上の象徴制と世襲制との関係の調整の現われであるが、今後皇室制度について考える場合にもこの相互の関係についてそれぞれの規範を尊重しつつ、全体として望ましい制度となる方策を考えていくことが必要になると考えている。

2　制度を形作る主体――天皇・国民・政府

†三つの主体

皇室制度は皇室に関する様々な決まりを定めた制度であるが、この制度を担うのは皇室の方々のみではない。ここでは皇室制度がどのような方々、あるいは機関によって作られ動かされているのかということを説明したい。

皇室制度については、既に述べた憲法第一条・第二条を含む憲法第一章がその基本を定めている。いずれも大変重要な規定であり制度運用の基礎でもあるが、この規定を読むだけで制度の具体的な内容が見えてくるというものではない。

現在象徴天皇制度という形としてある皇室制度を具体的に動かし支えているのは、天皇（皇室）、国民（国会）、政府という三つの主体であると私は考えている。主体と言うと堅苦しくなるが、制度を維持するために必要な方々、制度の担い手、と言い換えても良いかと思う。順次説明しよう。

†天皇・皇室――制度の中心的担い手

第一の主体は天皇である。これは天皇を中心とした皇室というように言い換えることもできよう。

天皇は制度を動かす中心となる主体の立場にあり、この立場（すなわち、象徴天皇という立場）にあることを、憲法を通して国民が天皇にお願いし天皇がそれを了解されている、というのが天皇と国民との関係についての私の理解である。

なぜ国民が天皇を象徴であると定めたのかということは重要な問題であり詳しくは第一章に委ねるが、簡単に言うと憲法制定時に国民が我が国の歴史を振り返り、天皇が日本と共にあり、象徴に最もふさわしい存在であるという判断をしたということである。

†国民・国会――制度の制定者であり享受者

第二の主体は国民である。国民は象徴天皇制度を定めた制度の制定者であり、同時にこの制度の享受者であると私は考えている。

皇室制度があることにより、国民は、仮に国内の政治的な対立がどんなに激しいものとなっても、最終的には天皇という存在により国がまとまっているという、いわば安心感のようなものを持っているのではないかと思う。

また、国民が時に厳しい状況に置かれた場合であっても、天皇が国民一人一人のことを気遣い、国民を励まし、労《ねぎら》うことによって国民は前に進む勇気と力を与えていただくこともある。

国民は日々の生活の中でいつどのような災難や事故に出会うかは分からず、そうした不幸な出来事は大体は不合理に思えるものである。そうした不合理な出来事に遭遇した人にとっては、どんな慰めの言葉よりもそうした出来事による悲しみや苦しみを共感し、そして少しでも気持ちが安まるよう共に祈る存在があることが心の支えになるのではないかと思う。皇室は祈りであるということには、こうした意味もあると私は考えている。

もちろん、国民一人一人の喜びにつながる出来事を共に喜び国民の幸福感を象徴する存在があることも国民の統合につながることであり、天皇が国民と苦楽を共にすることはこうした面からも大きな意義を持つことと言える。

なお、国権の最高機関である国会も重要な主体であるが、国民を代表する議員で組織・構成される国会は、国民の代表であり制度の制定者という意味で、ここでの第二の主体である国民に含まれていると位置づけておきたい。

†政府(内閣)――制度運用の責任者

第三の主体は政府である。内閣とも言い換えられるが、政府は皇室制度を運用していく上での責任者という立場にある。

そしてこの制度運用の責任者として政府は天皇との関係について次のような二つの在り方があると考えられる。

一つは、天皇に対して象徴にふさわしい活動を行っていただくよう政府がお願いする場合である。そして天皇が政府のお願いを受けて活動をされた際、政府は天皇に感謝するという関係があると考えられる。天皇に活動をお願いし活動に感謝する、というのが政府と天皇との基本的関係である。

第二は、天皇が象徴にふさわしい活動としてある行為をなさりたいという考えを持った場合、政府に対してそれを伝え、政府の了解を得るという関係である。

政府はこの「お願い」と「了解」という行為を通じて、天皇の行為に対して責任を持つ立場にあると考えられよう。

なお、この「お願い」がいわば「助言」であり、「了解」がいわば「承認」であるというように受け止める向きもあるかもしれないが、ここでの説明は国事行為についての説明ではなく、もう少し幅広く天皇の行為全般と政府の関係について述べたものと理解いただきたい（天皇の国事行為については内閣が責任を持つが、天皇の意思による行為ではなく、こうした説明にはなじまない）。

こうした政府の役割として重要な点がもう一つある。それは天皇と国民とのほどよい関係を維持するという制度運用を担当する立場に政府があるということである。

象徴天皇制度を維持するためには、天皇と国民との関係について、二つの、時には相反する関係の調和を維持していくことが必要と考える。

天皇が象徴であるためには、天皇が一般の国民とは異なったいわば懸け離れた特別の存在であるということを維持することが必要であり、私は、以前この関係を、天皇の国民からの「超越性」と表現したことがある。

そして一方で、天皇が象徴であるためには、天皇は国民と苦楽を共にし国民と共にある存在であるということを維持することが必要である。私は、以前この関係を、天皇と国民の「一体性」と表現したことがある。

ただ、この超越性と一体性の維持は言うほど容易なことではなく、政府はこの二つの関係の調和を図り維持するために重要な役割を果たしていると考えている。皇室と国民との関係をどのように設定するかという制度の運用に当たっては皇室のお考えや国民の気持ちを政府が尊重することが大前提である。そうしたことも含めて制度運用の責任者としての立場にある政府は制度を動かす上で大変重要な主体であると位置づけられると言えよう。

3　制度の特色

皇室制度の特色については、論者により様々な考えがあるが、私はかねてより以下のように四点にまとめているのでこれに沿って順次説明する。

†国の制度であるとともに特定の限られたご一族に関する制度

第一は「皇室制度は、国の制度であるとともに特定の限られたご一族に関する制度としての面を持つこと」である。

皇室は国家と共にある存在であるので、皇室に関する制度は憲法や皇室典範などにより国の制度として定められている。

ただ他方で、皇室制度が直接対象としているのは、天皇を中心とする特定の限られたご一族であり、皇室制度は国民一般を直接対象とする制度ではなく国の制度としては珍しい例外的な制度と言えよう。

しかも、この皇室制度の内容は皇室に関係するすべての事柄に及び、皇室の国家的な存在としての面から私的な存在としての面までの幅広い事柄が制度の対象となっているのである。

こうした特色から、皇室制度の在り方を議論する際は、次の点について考え方を整理することが必要になろう。

すなわち、①皇室について国がどのような事柄についてどの範囲まで制度を定めるべきなのか、②皇室に関する制度を議論する場合に国と皇室がどのような立場でどのような関わりを持つべきなのか、③皇室における公私の区別を制度上どのように位置づけ、またどのように運用するべきなのか、といった点である。

†柔軟性を持つ制度

二番目は「皇室制度は、柔軟性を持つ制度であること」である。

皇室制度は、次に述べる三つの点を背景に持っており、柔軟な対応ができる制度となっている。すなわち、

①皇室に関する事柄については、国がどのような事柄についてどの範囲まで制度化すべきか、必ずしも明確ではないいわばグレーゾーンがあること

②皇室制度は、国民のさまざまな皇室観・皇室像に基づく願いや考え方に応えることが期待される制度であり、臨機な対応が必要な場合があること

③皇室制度は、皇室を構成される方々の具体的なご活動やその生活に関わる制度であり、個別対応がなじむ側面があること

といった点から、皇室に関する事柄はその細部まで厳密に定めると逆に制度として期待される機能を果たしにくくなるという面をもっており、制度化がなじまない、あるいは制度化が難しいという面を持っている。

他方で、皇室制度が柔軟性を有するがゆえに、実際に皇室の制度を定めたり改めたりする場合や制度を運用する場合にどのような基準によるべきかが必ずしも明確にならないことも起こり得る。そうした場合の判断には、制度の根本に遡って象徴制と世襲制による規範に沿った慎重な配慮と微妙なバランスが求められることになる。

この慎重な配慮と微妙なバランスが求められることについて、前記の②の点が背景にあることから、皇室制度は、見方によっては両立しがたい側面を持ちつつもそれに対応が可能な柔軟な制度であることを、今後の議論の参考のために例を挙げて簡単に述べておきたい。

まず、象徴天皇制度における象徴天皇と国民との関係については、天皇は国民とは異なる特別な立場にあることから象徴たり得ると同時に、国民と共にある存在であるからこそ象徴たり得るという性格をもっている（既に述べた超越性・一体性の問題）。

皇族制度に関しては、皇統維持のためには皇族の範囲はできる限り広い方が望ましいことになるが、皇室の一体性という観点や皇室の費用など国民の負担への考慮という点からは範囲が余りに広がるのもいかがなものか、ということがある（このため、現行制度では皇族の皇籍離脱の制度が設けられている）。

また、世襲制度に関しては、皇位継承資格を持つ血統を限定すればするほど皇位は特別な地位であるという意義は高まるが、血統の維持が困難になるということが生じやすい。

さらに皇室経済制度に関しては、皇室は贅沢をなさらず質素であることが期待されるが、また他方で華やかでありあるいは威厳に満ちたものであることが求められる。

こうした皇室の諸制度に向けられる相矛盾する期待を同時に満たすことは大変難しいことであるが、こうした矛盾するような国民の期待や願いがあっても広くそれを包み込むことができる柔軟性を持つことが望ましいとともにそれが可能な制度である。これまでも、制度への相反する期待のいずれも損なうことのないようバランスをとって柔軟に運用することができるような制度として、皇室制度は維持されてきていると私は考えている。

†皇室と国民との信頼関係により成立し維持される制度

皇室の諸制度は既に述べたように制度化が困難な点もあり、細部は運用に委ねられるなど制度として不安定な面を持つことも否定できない。しかし他方で現行制度制定以来これまで皇室の諸制度が大きな問題もなく維持されてきたことも事実である。

このように制度が順調に維持されてきたことの根本には、皇室制度が皇室と国民との信頼関係を前提として定められ、かつその前提が持続していることにあると私は受け止めているが、このことは皇室制度の大事な特色であると考えているところである。

皇室と国民との信頼関係の基本は次の点にあると考えている。すなわち、

①国民が、皇室制度は国家にとって必要であり、また、大切な制度であるということをよく理解した上で、そうした制度を担われている皇室に感謝し敬愛の気持ちを持つこと

②皇室が、国民の皇室に対する期待や希望を受け止め、それらに対して様々な形でお応えになること

であり、皇室と国民とが共に歩んでいくということが重要であると考えている。

もちろんこうした信頼関係の基本にある双方の在り方は強制されるようなものであってはならず、むしろ強制されるような状況は信頼関係が危うい状況であり、強制されずに維持されることが皇室制度安定の基礎であると言えよう。

またこの信頼関係を維持するためには、皇室の在り方について国民が希望や意見を述べる自由が確保されることが大切である。そして同時に意見を述べる際にたしなみが必要であるという点も重要である。国民が意見を述べる自由を守ることは基本中の基本である。ただそうした意見は事実に基づくものであることが大前提である。

皇室の中でどういったことが起きているのか、あるいはなぜそういった事態が生じているのか分からないことも多く、また国民が全てを知らなければならないということではな

いと思う。だからといって表面に現われている一部の事実や噂程度でその在り方を批判することについては慎重にする方が望ましいと考える。制度を大事に考えるのであればまずは静かに見守ることが国民側のふさわしい対応である場合もあり、こうした対応が皇室と国民との信頼関係を維持することになるのではないかと考えている。

限られた方々により構成されている制度について、その制度を構成される方々を批判することは制度自体を批判することに容易につながり、それがひいては制度自体を否定することにもなりかねないという危険をはらんでいると考えており、あえて述べた次第である。

†長い歴史を背景に持つ制度

以上の点に加え、「皇室の制度が長い歴史を背景に持っている」ということもこの制度の特色であるといえる。あるいは、この「歴史」ということは皇室制度について考えるための前提であるとも言えよう。

皇室については、現行憲法の下で現在の制度が形作られているが、その背景には、長く、また時代により様々な形を取った皇室の在り方がある。皇室制度について考える際には、制度を構成する個々の制度ごとにそれぞれの歴史的背景に目を向けることが必要となる。

皇室は長く続くことそれ自体によって、その価値が一層重くなり高まっていく。ただ、皇室制度を構成する様々な諸制度の中でどのような点を大切に、将来に長く伝えていくことが重要なのか、あるいは一部を改めることにより制度が長く続くことになるのか、こうした点について、時代の変化、社会の変化を十分考えて国民が判断していくことが大切である。

皇室の歴史が極めて長いため、皇室の伝統の内容が事柄によっては時代により大きく異なっていることがある。いつの時代からの伝統なのか、その伝統を支える条件は何か、伝統の背景にある思想は変化していないのかなどを丁寧に考え、皇室に関する個々の制度それぞれの伝統を将来につなぐことが制度の特色を生かすことになると考える。

第一章

天皇はどのような地位にあるのか

1　象徴という地位であること

†象徴という地位の法的意味

本章では、天皇の地位について、法的にどう定められているのかを詳しく見ていく。憲法第一条は、「天皇は、日本国の象徴であり日本国民統合の象徴」であると定めている。このことについて従来どのように説明がされているか、まず確認しておく。

天皇が象徴であることについて、政府は、天皇の御一身が日本国と日本国民統合の姿を現わしていることである旨の説明をしている（昭和四十八年〈一九七三〉六月二十八日・参議院・内閣委員会、内閣法制局長官答弁）。また、元内閣法制局長官の佐藤達夫氏は、象徴とは何かということについて「天皇をみれば、そこにまざまざと日本の国と日本国民の統合したすがたが浮んでくる・そういうものだということ」と説明しており（佐藤達夫「皇室制度のはなしI」）、いずれも天皇の実際のお姿を通して日本国と日本国民統合の姿が現われてくるという趣旨の説明となっている。

他方、学説では象徴という地位にどのような法的な意義を持たせるかなどにつき幅広く議論がなされ、様々な見解が示されている。

前記の佐藤達夫氏は先の引用に続き象徴規定は「天皇が、国民敬愛のまととして万人によって仰がれるべき尊貴な存在であることを示すもの」と述べ、象徴である天皇は尊貴な存在であることを示すと解しているが、学説にも象徴という地位から天皇に対する崇敬などの感情を導く考え方がある一方、象徴というのは単に天皇を指し示す記号でありそれ以上の意味はないという考え方もある。また象徴という地位に積極的な役割を果たすことを期待する立場とそうした役割を持つことに反対する立場もあるなど、意見が一致しない点も多い。

ただ学説の多くは、象徴するものと象徴されるものとの関係については「我々があるものをもつて他のあるものを象徴せしめる場合に、前者を指して後者の「象徴」であるといふ。（中略）一般に象徴するものは具体的なるものであるのに反して、象徴されるものは抽象的なるものであり、前者（＝象徴するもの）が具体的なるものとして有する何らかの様相を媒介として、後者（＝象徴されるもの）が抽象的なるものとして有する何らかの性格が表現される」（恒藤恭『新憲法と民主主義』、括弧内は引用者注）という理解を踏襲していると考えられ（芦部信喜監修『注釈憲法（1）』）、一般的には、憲法第一条の象徴の規定は、天皇という具体的な人の姿を拝見することによって、日本国あるいは日本国民統合という抽象的な存在の姿を思い浮かべることができる、ということを基本として様々な説が述べられているものと理解しておけばよいと考える。

†象徴の地位と「元首」との関係

このような天皇の象徴としての地位に対して、天皇を元首とすべきという議論がある。従来、国家元首は国家・国民統合の象徴としての性格も持っていると解されていること、また明治憲法では「天皇ハ国ノ元首」（大日本帝国憲法第四条）とされていたことも議論の背景にあると考えられる。

また、天皇のご活動の中で国民が目にする機会が多いものの一つとして大統領や国王といった外国の元首などの賓客を接遇される場面がある（国賓歓迎行事、宮中晩餐《ばんさん》など）。さらに天皇が外国を公式に訪問する際には訪問国の元首から歓迎を受けている。

こうした天皇の実際上の活動の面からのみならず、理論上も象徴が多様な意味を併せ持つことから、天皇は元首なのかという議論、あるいは天皇を元首と明記すべきという議論は、現行憲法制定時から今に至るまで幾度となくなされてきている。

政府は、この点に関して、天皇が元首であるかどうかは元首の定義いかんに帰する問題であるとしている。かつてのように内治・外交すべてを通じて国を代表し行政権を掌握している存在を元首と定義すれば天皇は元首ではないが、これとは異なる定義、すなわち実質的な国家統治の大権を持たなくても国家のヘッドの地位にある者を元首とするという定義によれば、国の象徴でありごく一部ではあるが外交関係において国を代表する面を持つ天皇は元首であると言って差し支えないという考えである（昭和六十三年〈一九八八〉十月十一日参議院・内閣委員会、内閣法制局第一部長答弁などによる）。

学説上は、我が国の元首は内閣または内閣総理大臣であるという説、元首または準元首は天皇であるという説、元首は存在しないという説、元首という観念には意義がないことから誰が元首であるかを議論することに疑問を示す説などがあるが、元首の定義や概念が論者により異なるなど曖昧であること、また元首が誰であるか決定しなくとも特段不都合がないことなどから大きな論点とはなっていないところである。

ただ、今後の憲法改正問題の展開によっては大きな論点となることもあり得よう。天皇の地位としての象徴の意義についてこれまで多くの議論が積み重ねられ法的な位置づけが定着していること、また象徴としての地位を多くの国民が支持し制度として安定している状態が続いていることから、概念も不明確であるような元首に天皇を位置づけることには慎重に判断すべきと私は考えている。

†象徴の地位と「代表」「君主」との関係

このほか、天皇の象徴という地位に関しては、「象徴と代表との関係」「象徴と君主との関係」がこれまで議論されている。

天皇が対外的に国家を代表するかどうかについては、天皇は行政権を持たず一般的な対外的代表権は持たないとされている。ただ、天皇の国事行為を定めている憲法第七条の第九号が「外国の大使及び公使を接受すること」と定めており、この点では天皇が外交関係上国を代表していると解釈することはできると考えられている。

天皇が君主であるかどうかについては、主権の帰属の問題（国民主権との関係）や我が国が君主制か共和制かといった観点から議論された経緯がある。

この問題については、主権観念をどう理解するか、君主の概念をどう考えるかにより説が分かれるが、憲法によって、①天皇が象徴であること、②皇位は世襲による地位であること、③天皇が内閣の助言・承認とその責任の下に国事行為を行うこと、が定められており、統治権を掌握する意味での君主ではないが、象徴的機能を持つ意味での君主ということができると考えられる。

†人が象徴になるとはどういうことか

天皇が象徴であることの法的な意味については以上であるが、ここからはなぜ天皇が日本国及び日本国民統合の象徴であるのかという点について、まず人が象徴になる場合について述べ、次に人が国家・国民統合の象徴となる条件を説明し、最後に天皇が日本国・日本国民統合の象徴であるとされることについて、その考え方を説明することとする。

人が象徴になることの意味とはなんであろうか。一般的にいえば人が何かの象徴とされる例は少なくない。

ある人が他の人にはないような特別な能力、容姿、業績などを持っている場合、その人を例えば「野球の神様」「美の化身」などと称し、ある分野や価値を象徴する存在とされることは珍しいことではない。

ただ、こうした例は、象徴されるものが抽象的であるとしても比較的限定的であり、またイメージしやすい場合が多いと思われる。例えば、野球や美の象徴とされる人は、その活動内容や存在により象徴として位置づけられるので、象徴という地位に置かれたからといって自らどうあるべきかということをことさら考えなくても既にある状態を維持していくか（それ自体大変なことであるが）、あるいは到達したその特別な状態を傷つけるようなことが生じないようにすれば、象徴であり続けることになる。

こうした例と比べると天皇により象徴されるものは国家・国民統合であり、より抽象度が高くまた象徴されるものが持つイメージは相当幅広いものになる。

そこで次に人が国家・国民統合という特殊な対象の象徴となる一般的な条件を整理し、そうした条件と天皇との関係を確認しておく。

†人が国家・国民統合の象徴になることの条件

ある人が国家・国民統合の象徴になることは歴史上も見られまた現在諸外国においても、我が国の場合とは異なる在り方ではあるが、その例は見られる。

そこでそうした例をもとにどのような場合に人が国家・国民統合の象徴になるのかについて次のように整理を試みた。

①国家との関係において、国家の秩序・権威・価値の源泉であること

ある人が国家の象徴となるためには、象徴たる人が国家の秩序や権威の源泉であり国家が目指す価値を体現することが条件となる。ただこの在り方も様々であり、次のようにいくつかの型に分けることができる。

・権力または権威により国家秩序を構築、維持する場合（大統領や君主。建国の祖といわれるような人もこれに当たる）
・国家の歴史、伝統を体現する地位にある場合（歴史の長い国の長く続く君主）
・国家が目指す理念、主義を唱道あるいは体現する場合（国家の一体性が、歴史的一体性よりも理念による一体性による国の場合の権力者、思想家）
・宗教的、精神的権威をもつ場合（宗教国家における宗教的権威を持つ指導者）
・特定の血統に属する場合（君主。建国の祖につながる血統に属する子孫）
・国民の支持を基盤とする権威をもつ場合（大統領。君主も根本には国民の支持が必要）
我が国の天皇をこの六つの型によって考えると、国家秩序、歴史と伝統、宗教性と精神性、血統、国民の支持の観点から象徴にふさわしい立場にあるといえることになる。

②国民との関係では、国民から敬意を持たれ憧れとして支持される存在であること
ある人が国民統合の象徴となるためには、象徴たる人は国家的次元に関する事柄で国民から尊敬や憧れの念を持たれ支持される属性を有していることが必要である。こちらもどのような事柄によって敬意や憧れの対象になるか、次のようにいくつかの型に分けてみた。
・力：例えば政治力。何らかの意味で「国民を統合する力」を持つこと。経済力のある場

合も敬意の対象となり得るが経済力が国家的次元での意義を持つ場合（例えば経済の力で国家を立て直すような場合）でないと国民統合の象徴にはなりにくい。

・才能：この才能には当該地位を維持するために必要な基本的才能（例えば政治的才能や宗教的才能）と当該地位にある者が持つことによりその地位の維持にプラスになる才能（例えば文学的才能、運動の才能）とがある。

・血統：過去において国家的功績を持つ人物（建国の祖や、国難に際し国を守り国民を救った人など）とつながる血統に属すること。

・ありがたみ：国民として何とか支援したいと思う立場の人（社会的に弱い立場にある人など）に対して、心を寄せ、手を差しのべるなどの行為をすることにより、ありがたく心が救われる存在であると国民に思われ慕われること。

・道徳性：自らを律し国民の手本であること。勤勉、質素、無私、自己犠牲、謙譲、思いやり、正直などさまざまな徳目がある。

・その他良いことを体現：国民が望み国民にとって良いと考えられる価値であって国家が実現しあるいは国家がその実現を支えることを国民が願う価値（平和、自由、健康、平等、環境保護、文化、高貴など）を様々な形で体現すること。

我が国の天皇についてこれら六つの型によって考えると、血統、ありがたみ、道徳性、その他良いことを体現といった観点から象徴にふさわしい立場にある。才能に関しては普段は才能を顕示せず国家的行事などで必要な際に才能を発揮するといった在り方で敬意を持たれ象徴たる存在にあると考えられる。

また政治力という観点については、様々な利益を調整する力という意味ではなく、事実上国内・国外で日本の秩序の在り方を体現する力という意味での政治力を有しており、長期的に見て相当な強さを持つ存在であるといえる。

なお、この憧れの対象としての象徴は、憧れである点において、国民からは一定の距離がある存在（憧れは遠くにある存在）であると同時に、国民からは自らを同一化させ距離を縮めたい力が働く（憧れは同一化の対象となる）ことになる。ただ完全な同一化は憧れの消滅につながりやすく、その意味で、憧れの内容について同一化が困難な存在（例えば血統）の方が象徴として継続する力は強いと考える（この点は本書で度々述べている超越性・一体性のバランスの問題につながる）。

完全な同一化よりも、もっと端的に憧れを消滅させるのは「幻滅」である。これは憧れの源泉が力・才能や道徳性の場合、それを喪失した状態となったときに生じやすい。幻滅とは期待や思い込みが毀《こわ》され裏切られたという感覚といえよう。血統についての幻滅はその血統に属する人の中から当該血統に期待される特別な力、才能、道徳性、ありがたみなどを体現しない人が登場した場合に生じる可能性がある。

†なぜ天皇が日本国及び日本国民統合の象徴なのか

以上の点から天皇が国家・国民統合の象徴となる一般的な条件と一致する点を持つことが理解できると考えるが、それではなぜ我が国の象徴（日本国の象徴・日本国民統合の象徴）として天皇がふさわしいとされるのだろうか。

この点についてはこれまで世に出された多くの象徴天皇論でも様々な考え方が述べられているが、そうした議論をもとに天皇が我が国の象徴であるとする考え方を以下の三通りにまとめてみた。順次説明することとする。

（ア）皇位が長く続いていることに基づき天皇は我が国の象徴であるという考え方

これは、天皇の地位が一つの家系・血統により我が国の歴史とともに長く続き現在に至っていることから、天皇は国家及び国民統合の象徴にふさわしいという考え方である。

この考え方は、国家及び国民統合の象徴という地位は過去から未来へと続く国家の連続性・一体性を象徴する地位であると考え、国家の歴史とともに現在に至るまで一つの血統で連なる天皇という存在が象徴にふさわしいと解する考え方である。

また、こうした歴史的・時間的な意味での連続性・一体性という観点に加え、皇位は世襲による地位であり生命としての連続性をも体現している、という観点から皇位の有する連続性の意義を考える見方もある。

いずれの観点にあっても天皇の地位が一つの血統で長く続いていることに象徴としての意義を見出していると考えられ、この考え方はどちらかといえば代々の個々の天皇よりも連続する天皇の地位に象徴性の根拠を見出しているといえよう。

（イ）日本の歴史・伝統に基づき天皇は我が国の象徴であるという考え方

二番目は我が国の歴史・伝統という観点から天皇が象徴にふさわしいとする根拠を見出す考え方である。前述の（ア）の考え方は長く続いていることとそのこと自体から象徴性を導き出すが、この二番目の考え方は、その長い歴史の間における個々の天皇の在り方に着目する点が異なる。

我が国の歴史・伝統といっても天皇の在り方や制度の歴史は一様ではなく、またその解釈も分かれる。その意味で歴史上のどういった出来事をどう解釈するのか、また歴代の天皇のどのような側面に着目するかにより、天皇の象徴性に対する考え方は多岐にわたることになるが、大きく分けると、政治的側面、文化的側面、宗教的側面の三つの側面から、天皇が我が国の姿、あるいは統合の姿を象徴していると解されている。

政治的側面からの解釈とは、天皇がその長い歴史を通じて、一部の時代を除き、自らは政治権力とはならずその時々の政治権力者に権力行使の正統性（権威）を付与する地位にあったことをもって、我が国の象徴たる地位にふさわしいと解する考え方である。

文化的側面からの解釈とは、天皇が長く我が国の文化・学問・芸術を育て、自らも励み、また受け継いで来ているということから、我が国の伝統文化や学芸の頂点にある存在として我が国の象徴たる地位にふさわしいと解する考え方である。学芸の頂点とは、様々な勲章を授与するなどの立場にあることから類推できるだろう。

宗教的側面からの解釈とは、天皇が皇室の祭祀を大切にされ国家国民の安寧・幸福のために祈る存在としてあり続けたこと、また建国の神話につながる存在とされた歴史があることから我が国の象徴たる地位にふさわしいと解する考え方である。

なお、この宗教的側面は天皇の天皇たる所以であるとしても、天皇が象徴であるための条件であるかについては、そもそも天皇と象徴との関係についてどういう考え方に立つかにより判断が異なる。象徴が国の機関としての地位であると考えるのであれば、宗教的側面から天皇の象徴性を述べることには、政教分離原則の観点からは無理があるが、「宗教的」という意味を国民が天皇の有する世俗的世界からの超越的性格を背景に天皇をありがたく心が救われる存在として受け止めていることと解すれば、その超越的な側面を象徴性から切り離すことは困難であるとともに政教分離原則とは直接の関係はない問題となる。

これらの三つの側面をここでは分けて説明したが、それらは相反するものではなく相互に関連しており、これらが一体となって、天皇が象徴としてふさわしいという論拠となっていると解することも可能であり、またそれが国民の気持ちに近いかもしれない。

（ウ）国民との関係に基づき天皇は我が国の象徴であるという考え方

三番目は国民との関係の在り方という観点から天皇は象徴にふさわしいとする根拠を見出す考え方であり、この考え方は大きく二つに分けられる。

一つは、歴代の天皇と国民との関係を根拠とする考え方である（これは（イ）の歴史・伝統の側面からの考え方と重なる面がある）。皇室の伝統として、皇室は国民と共にあるとともに超越的な立場にあってあらゆる国民の幸福を願う存在であったことから、天皇は我が国の象徴たる地位にふさわしいと解する考え方である。

もう一つは、天皇・皇室が有している個々の側面と国民との関係を根拠とする考え方である。この考え方は、皇室の「家族」としての面、天皇の「理想体現」という面、天皇の「関心喚起」という面から述べることができる。

皇室の家族としての面からの考え方とは、皇室が天皇を中心とする極めて歴史のある血統に属する一族により構成されていることによるものであり、国民がその一族を我が国の本家と考え敬意をいだき、あるいは理想の家庭としてあこがれの存在（これは次の「理想体現」にもつながる考え方でもある）として仰ぎ見る存在であると考えることから、象徴にふさわしいと解する考え方である。

第二の理想体現という面からの考え方とは、天皇が国民の願い、国民が良いと考えることを体現する存在とされることによるものであり、この面において象徴にふさわしいと解する考え方である。この天皇が体現することが期待される「良いもの・良いこと」の内容は多種多様でありまた時代による変化もあるが、福祉・医療への支援、文化・学術の奨励、外国との品位ある交際、平和への祈り、環境問題への関心等々その内容に広がりがあるほか、皇室が道徳的にも模範となる存在であることへの期待も含まれていると考えられる。

第三の面である関心喚起という表現は分かりにくいが、天皇が国家・社会に関する様々な問題について国民の関心を喚起し、その分野や課題に国民の目が向くようにする役割を果たし得る存在とされ、この面において象徴にふさわしいと解する考え方である。障害者スポーツへの関心を高めるための活動、災害から年月を経ても関心を寄せ続ける活動、国内の（一般の国民が訪れることが少ないような地域も含めた）様々な地方へのお出ましなどが例と言える。

以上、（ア）から（ウ）まで天皇が我が国の国家及び国民統合の象徴にふさわしいとする考え方を概観し象徴についてのさまざまな解釈や受け止め方があることを示した。私はいずれの観点からも天皇が我が国の象徴としてふさわしいと考え、また我が国においてこうした様々な側面から象徴という立場にふさわしい存在は天皇のみであると考えている。

国民一人一人がいだく天皇像・天皇観には多くの人が共有する天皇像・天皇観と一人一人異なる独自の天皇像・天皇観とがあり極めて多彩である。こうした多彩な天皇像・天皇観を国民がいだくことが可能な存在として複雑かつ多面性を持つ天皇があり、様々な人々の様々な願いを受け入れ包み込むような存在としての天皇であるからこそ、国家・国民統合の象徴としてその役割を果たすことができるのではないかと考えられる。

†象徴であり続けることと退位（譲位）の意義

平成から令和へのお代替わりは皇室典範特例法に基づく退位によるものであったが、この契機となったのが、平成二十八年（二〇一六）八月八日の象徴としてのお務めについての天皇陛下（現在上皇陛下）のおことばであった。

このおことばから私が受け止めたのは、①象徴の務めを果たすことができるのは天皇のみであること、②高齢によりその務めを天皇自らが果たすことができない場合に象徴の務めが途切れることなく続くことができる方策が考えられないか、とのお気持ちであった。

天皇が象徴であるためには、天皇が存在しているだけではなく象徴としてふさわしい行為を天皇自らがなさることが大切であるという考え方からすれば、そうした象徴天皇の在り方を維持するためには皇位継承原因を崩御のみとする現行の皇室典範第四条の規定は不十分ということになる。

現に皇位にある方が、天皇は象徴であるという規定にそった存在であり続けることが困難になるとき、象徴＝天皇の地位にある方が譲位により交替するということは、その具体的な条件や手続きについては慎重な検討を要するが、象徴天皇制度を維持していくために必要なことだと私は考えている。

2　世襲による地位であること

†憲法第二条の「世襲」はどのような意味か

憲法第二条は「皇位は、世襲のもの」と定めている。すなわち天皇の地位は選挙で選ばれる地位や国民の間での持ち回りによる地位などではなく、特定の血統に属する者が受け継いでいく地位であるということを定めているのである。

一般的には世襲という言葉は特定の地位・財産・職業などを子孫が代々継承していくことを意味し、子孫については自然血統に限らず養子のような人為的な血統を含んで用いられることもある。また選挙という手続きを経て議員の地位に就いた人に対しても親や親族が議員であった場合に世襲議員と称されることがあるように、その意味には広がりがある。

ただ、皇位の世襲についてはそのような意味の広がりはない。天皇の地位に即《つ》く者は現行憲法が定められた際の天皇である昭和天皇に至りまた昭和天皇から発する血統（皇統）に属する者であるという解釈で概ね一致しているところである。

なお、この世襲制を定めた憲法の規定が、①皇位が歴史的に世襲による地位であったことを前提にした確認的な規定なのか、②それとも憲法第一条で創設的にあるいは確認的に象徴であるとされた天皇という地位の継承の仕方として、新たに創設的に定められた規定なのかについては議論が分かれるところである。

私は、憲法は我が国の歴史上存在してきた天皇を前提として天皇について定めていると理解しているので、第一条では歴史的にも天皇が我が国と国民統合の象徴としてふさわしい存在であることを勘案し確認的に象徴であると定めたと解し、また第二条では、歴史上皇位が世襲により継承されてきたことを背景に、天皇という地位は世襲により継承するものであると確認的に定めたと解する立場である。

憲法第二条の世襲をこのように確認的規定と解すると、世襲制を具体化する場合には、皇位の世襲の歴史・伝統を尊重すべきということになるが、この歴史・伝統の尊重ということに関連して憲法第二条の世襲が女系による継承を含むか否かについてどう考えるべきかが問題になる。このことについては第四章で述べることとする。

†世襲による地位の継承はどのような特色をもつのか

以上のように天皇の地位は世襲による地位と定められているが、ここではいったん皇位の世襲制から離れ、一般的に世襲制がどのような特色を持つかを説明したい。世襲制の特色を理解することが、この後に述べる現在の皇室制度の意義を理解する上で役立つと考えるからである。まずは、世襲制の特色を次のように整理したので順次説明する。

(ア) 当該地位を継承する資格を持つ人をあらかじめ限定すること

当該地位に誰にでも就任する可能性があるということではなく、血統により将来当該地位に就任する人が限定あるいは特定されることになる。この場合、就任資格を持つ血統の範囲をどの程度明確にするかにより、柔軟に世襲制を運用できるかどうかが影響を受けることになる。

(イ) 将来の継承予定者は覚悟を持って様々な準備ができること

あらかじめ決まっている有資格者あるいは継承予定者は、将来に対する心構えあるいは覚悟を持つことができる。

また併せてその地位に就くために必要な準備を本人及びその周辺の人々が時間をかけて行うことができ、その地位に就任するにふさわしい特別な環境を該当者に提供することが可能になる。

(ウ) 本人の意思とは関係なく当該地位に就くことが決められていること

生まれによって将来の地位が決まることになるので、本人の意思とは無関係に将来の地位が決まることになる。

該当者が予め定められた将来の地位を運命として受け入れることができるのであれば、そこに葛藤は生じないが、他の選択が閉ざされていることを成長の過程でどのように受け入れていくかにより当該地位にふさわしく成長することが難しくなることもあり得る。その意味では、当該地位に期待される役割習得などのお手本となる者(一般的には親)に日々接し、成長に応じて本人が自らの立場を理解し受け入れていくことができるようにすることが、地位の円滑な継承のために望ましいこととなる。

(エ)能力による地位ではないこと

世襲による地位であっても将来当該地位に就く可能性がある人が複数いる場合は当該地位にふさわしい能力を持つ人を選定することはあり得るが、就任予定者が予め一人に限定されている場合(あるいは資格者が複数いる中で継承順序が第一位に確定している者の場合)は、その人が当該地位にふさわしいのであり、能力の高低や向き不向きは考慮されないことになる。

もちろん親の血を引く子であることから潜在的には能力は持っていることが期待され、また教育などを通して本人の能力を引き出すことがなされることはある。

(オ)後継者を確保しやすいこと

当該地位が極めて高い能力や困難を克服する強い精神力を求められる地位である場合、あるいは時代が変化する中で当該地位の希望者が減少する場合など、ある地位の特性や置かれる状況によっては後継者の確保が難しい場合もある。このような場合でも世襲制であれば有資格者の誕生によりひとまず当該子を後継者として定め育てることができることになり、この点では後継者確保の問題に対応しやすい面はある。

(カ)地位を巡る争いを防ぐことになること

生まれにより継承者がほぼ確定することになるので、該当者以外が世襲による地位に就任する可能性はなく、地位を巡る争いは生じ得ないことになる。

ただ当該地位に就任する資格者が複数いて順序が確定していない場合は、資格者の間で（さらに各資格者の関係者も加わり）争いが起きる可能性は残されることになる。

（キ）世襲する当事者の親族が世襲による地位との関係で特別な立場になること

特定の血統に対して価値を見出すことにより世襲制は成り立っているが、その親族も同一の血族に属すること、あるいは婚姻を通じて血統につらなることから、世襲による地位との関係で何らかの特別な立場に立つことになり、当該地位や当該地位に就任する人へ影響を及ぼすことが起こり得る。

（ク）現在その地位にある者（当代）は先代に比較されること

世襲により地位を引き継いだ者は、周囲などから先代と比較されることが多く、当代にとって先代は目標となり、またできれば乗り越えたい対象となることもある。

（ケ）後継者を育てる仕組みが求められること

以上の（ア）から（ク）までの世襲制による特色を生かしていくためには、後継者を教育する仕組み、後継者が自らの立場を受け入れ意欲を高める環境、世襲により地位を継承することの利点を周囲が理解し支援する仕組みなどが必要であり、世襲制は世襲制を支える仕組みや環境とセットになって維持されることになる。

†世襲制の特色と現在の皇室制度

こうした世襲制の一般的な特色に関連する皇室制度としては現在次のような諸制度が設けられており、世襲制の特色が生かされるような仕組みとなっている。

(1) 皇位継承資格者を皇統に属する男系男子の皇族に限定(皇室典範第一条、第二条)

皇位に即く可能性がある者を一般国民とは区別し、天皇家の男系の血筋に属する男子であって現在皇族である者に限定している。

こうした制度によって一般国民が即くことができない特別な地位であることになり、また一般国民は皇位に即く可能性はないことから皇位に即くために国民が争うような事態になることを防ぐ仕組みになっている。

(2) 皇位継承順序を直系長系近親優先となるよう明確に規定(皇室典範第二条)

天皇の長男が皇位継承順位第一位であると定めており、天皇の長男は皇太子という特別な立場に置かれ(皇室典範第八条。次の(3)を参照)、成長の過程で将来の天皇としての教育を受け、また本人が自覚を持つことが可能になっている。

また、この制度により皇位継承順序があらかじめ明確に定まり、順位を巡る争いが生じることを防いでいる。

なお、特別な場合に皇位継承順序を変えることができることとされており（皇室典範第三条）、例外的な場合に実情に即した対応が可能な制度となっている。

（3）次代の天皇の地位に即くことが確実な者を皇太子・皇太孫として皇族の中で特別な立場とする（皇室典範第八条・第十一条など）

これは前記（2）の仕組みにより確実に次代の天皇となる者を皇太子・皇太孫（皇太子が不在のときに皇位継承順位第一位となる天皇の孫である皇族男子）と称することとし、特別な立場にあることを明らかにするとともに、皇籍離脱ができないこととするなど次の天皇という立場に沿った制度となっている。

また皇太子に関する事務をつかさどる組織として宮内庁に東宮職が置かれる（宮内庁法第六条。なお令和元年には秋篠宮《あきしののみや》皇嗣殿下に関する事務を遂行するため皇嗣職が置かれている。天皇の退位等に関する皇室典範特例法附則第十一条参照）など、特別な体制がとられている。

（4）天皇につらなる特別の親族として皇族という一般国民とは区別される身分が定められている（皇室典範第二章等）

皇位の世襲制を維持するために、天皇、上皇及び男性皇族の配偶者やその子に対して特別な身分を付与することが適当とされ、皇族制度が設けられている。

皇族は世襲制維持のための役割のみならず摂政就任資格を持つ場合や皇室会議の議員に

就任するなどの役割も果たすこととなっている（皇室典範第三章、第五章）。

（5）皇位とともに伝わるべき財産について特別な定めがある（皇室経済法第七条、相続税法第十二条など）

世襲制から直接導かれる制度ではないが、皇室経済法第七条は「皇位とともに伝わるべき由緒ある物は、皇位とともに、皇嗣《こうし》が、これを受ける」と定め、この皇位に伴う由緒ある物については相続税の非課税財産とされている（相続税法第十二条。なお、退位による皇位継承の場合はこの由緒物は相続ではなく新帝への贈与であるとされ、天皇の退位等に関する皇室典範特例法附則第七条で贈与税を課さないこととされている）。

以上の（1）～（5）のほか、世襲制の特色を生かすべく皇太子のような皇位継承確定者を国民に明らかにするための儀式が従来行われている。昭和二十七年（一九五二）十一月には皇太子明仁親王殿下（現在の上皇陛下）が皇太子であることを内外に宣明される立太子の礼が、平成三年（一九九一）二月には皇太子徳仁《なるひと》親王殿下（現在の天皇陛下）が皇太子であることを内外に宣明される立太子の礼が、それぞれ国の儀式として行われた。これはその時々の皇室のお考えや政府・宮内庁の方針などによるものであると考えられ、現在その実施を定めた規定はない（即位の礼〈皇室典範第二十四条〉や大喪の礼〈同第二十五条〉のような規定は皇室典範にない）。

なお、皇族制度については第三章を、皇位継承制度全般については第四章を、それぞれご覧いただきたい。

†世襲制と退位（譲位）という選択について

世襲制の一般的な特色と皇室制度への反映については以上であるが、こうした世襲制の下で譲位による皇位継承はどのような意義を持つと考えることができるのだろうか。

先に述べた世襲の特色から考えると、世襲による皇位の継承が円滑に行われる条件としては次のことが考えられる。

まず、次の継承者が確定しており、かつ、継承予定者に継承後には新たな天皇としてふさわしい存在になるだけの準備が整っているという状況であることが挙げられる。

また、継承者を支える体制が整えられるとともに、お代替わりに伴い直ちに新天皇をお支えする事務など様々な事柄が滞りなく行われるような体制となっていることも挙げられよう。

さらに、条件とまでは言えないが、お代替わりが国民生活や政治日程・国家行事などに負の影響をもたらすことができるだけ小さくなることが望ましいという点もあげられる。

以上の観点から譲位による皇位継承を崩御による皇位継承に比べると、譲位の方が円滑なお代替わりを難しくするということはないと言えよう。むしろ、崩御による皇位継承に比べ、様々な準備が可能になるという点からは、譲位の場合の方が円滑なお代替わりとなる可能性が大きいと言える。

こうした実際上の面からの譲位と崩御の比較とは別に、そもそも譲位の自由を認めると即位しない自由を認めざるを得ないという議論もある。また、そもそも皇位継承制度の中に天皇の意思を組み込むこととすると、即位に際し天皇の意思を確認することが必要になりかねず、譲位を導入すると世襲制の維持が困難になるという議論もあることは承知している。

こうした問題提起については、皇位継承原因制度の問題（象徴天皇制度の下で皇位継承原因についてどのような制度とするのがふさわしいのかという問題）と皇位継承資格者の意思の問題（世襲制度の下でどのような場合にどのような意思を尊重すべきか、すべきではないかという問題）とは切り離して議論すべきであると私は考えており、片方を認めたからもう片方を認めざるを得ないという問題ではないと考えている。

譲位と皇位不就任を連動的・対称的なものと考える必要はないことを理解した上で、天皇の意思を前提にした譲位の諸条件を整えるとともに、他方で皇位継承原因が生じた場合直ちに皇嗣が即位する制度を維持すれば皇位不就任により世襲制が困難になることは避けられると私は考えている。

今後、この世襲制における譲位制度導入の問題は、平成から令和へのお代替わりの在り方をよく研究し、また諸外国の事例も参考にしつつ、制度化についての検討を行うことが望ましいと考える。

3 「象徴という地位」「世襲による地位」と基本的人権

†天皇・上皇・皇族と基本的人権との関係

憲法が定める特別な地位にある皇室の方々は国との関係において一般国民とは異なる関係にあり、それは皇室の方々と基本的人権との関係にも現われている。

皇室の方々の基本的人権をどのように考えるべきかという問題については、従来天皇が人権享有主体としての国民に含まれるかという観点からの議論がある。

通説は、天皇は日本国籍を持つ日本国民であり基本的人権を定める憲法第三章の国民に含まれると解釈し、ただ皇位の世襲制と象徴という地位に伴う務めの性質から、必要最小限の特例・制約が認められるという考え方である。政府の解釈も同様である。

他方、通説に対して皇位の世襲制に鑑《かんが》みれば、天皇は門地により国民から区別された特別の存在であり基本的人権の享有主体ではないという説もある。

両説のいずれによっても人権の制約内容に大差はない。ただ、いずれの説にあっても人権との関係における皇室の方々に対する特例は、天皇の象徴という地位、あるいは世襲による地位を維持するためのものであって、そうした特例は特例を設ける趣旨目的との関係で必要最小限とすべきと私は考えている。

ただ必要最小限の制約といっても皇室の方々は一般国民と比べ相当な制約を受けられている。具体的な制約内容を、①身分との関係、②行為との関係、③財産との関係の観点から順次説明する。

†身分に関する制約

(ア) 譲位の否認

皇室典範第四条は天皇の崩御のみを皇位継承原因と定めており、天皇の譲位は認められないと解されている。この点については象徴という地位を譲位されることが象徴制の意義に鑑みふさわしいかどうか、また譲位を認めると世襲制の維持に支障が生ずるかどうかという観点から議論が必要となる。基本的人権との関係については憲法第十三条の幸福追求権との関係で譲位を認めないのは問題であるとの議論がある。

(イ)皇籍離脱の制約

皇族が皇籍を離脱することについては制約があり、この点については譲位否認と同様に幸福追求権、さらに職業選択の自由との関係で問題になり得る。

なお、皇族であっても皇太子・皇太孫以外の親王、内親王、王、女王は本人の意思またはやむを得ない特別の事由があるときには、皇族の身分を離れることが可能な制度となっている(皇室典範第十一条)。また親王妃、王妃の場合も夫(親王・王)を失ったときはその意思により皇族の身分を離れることができ、離婚したときは皇族の身分を離れることになる(同第十四条)。

このように次代の天皇となることが確定した地位にある皇太子または皇太孫以外の皇族については、象徴制度及び世襲制度を損なうことがない範囲で意思または特別の事由などにより皇籍離脱が可能な制度となっており、基本的人権との調整が図られていると考えられる(なお、皇籍離脱制度はこうした人権の側面とは別に皇族数の調整や懲戒的な側面も持っている)。

皇族であっても皇后、上皇后、皇太后、太皇太后(先々代以前の天皇の配偶者)については、皇籍離脱を想定した制度はない(実際には考えがたいが、婚姻により皇族となった場合の皇后・上皇后が離婚した場合、あるいは皇太后・太皇太后が皇族以外の者と再婚した場合は、皇籍離脱となる)。

上皇は皇族ではないが、上皇がその身分を離れて一般国民となることは想定されていないと考える。

(ウ) 皇位継承資格の条件等、男女の性別による制度上の相違

皇室典範第一条では皇位継承資格を皇統に属する男系男子に限っている。さらにこのことを基礎に皇室の諸制度で定められている男女の区別(婚姻による皇籍離脱の有無、皇族費の額の相違など)と法の下の平等との関係とが問題になり得る。

この点については、皇室の諸制度における男女の区別は象徴制度と世襲制度の背景にある我が国の歴史や皇室の伝統を背景にするものであり男女平等原則とは別個に論じることがふさわしい問題であると考えられている。

(エ) 婚姻の条件

皇室典範第十条は「立后及び皇族男子の婚姻は、皇室会議の議を経ることを要する」と定めており、天皇及び皇族男子の婚姻は当事者の意思のみでは成立せず、手続き上皇室会議の議を経ることが必要となっている。この点が憲法第二十四条第一項「婚姻は、両性の合意のみに基いて成立し……」との関係、あるいは同第二項の「個人の尊厳」といった観

点から問題になり得る。

こうした手続き上の制約は、天皇の配偶者は象徴のご配偶である后《きさき》という特別な立場になる方であり、皇族男子は皇位継承資格を持ちそのご配偶も妃《ひ》という特別な立場になる方であることから、世襲制を前提とした上で象徴（または象徴たる天皇の地位に即く資格を有する者）の配偶者としての適切さを確保するために皇室典範第十条により設けられたものと考えられる（ただし、同第十条は、「皇室会議の議を経る」と定めており、皇位継承順序の変更や皇籍離脱等の手続きでは「皇室会議の議により」と皇室典範が定めていることに比べて、緩やかな条件となっている）。

なお、内親王など皇族女子の婚姻については、天皇、皇族以外の男性との婚姻により皇族の身分を離れることになり（皇室典範第十二条）、この場合は制度上の制約はないが、配偶者となる方がふさわしいかどうかについて国民の受け止めが実際上問題になることはある。

（オ）非嫡出子の位置付け

皇室典範第六条は嫡出であることを皇族の要件と定め、皇族の範囲から非嫡出子を除いているが、このことと法の下の平等（憲法第十四条）との関係が問題になり得る。

皇室の歴史上、現行皇室典範制定までは非嫡出子にも皇位継承資格が認められていたが、現行制度制定の際、社会一般の象徴天皇の在り方に対する道義的判断を尊重して皇族を嫡出子に限定している（非嫡出子は皇族ではないので皇統に属する男系男子であっても皇位継承資格は持たないことになる）。

（カ）養子の禁止

皇室典範第九条は天皇及び皇族は養子をすることができないと定めており（上皇も皇室典範特例法第三条により養子をすることができない）、このことと幸福追求権（憲法第十三条）との関係が問題になり得る。

皇室内の養子については、歴史上にもそうした例は見られたが、現行制度では皇位継承の系統を複雑にすることなどもあり認められていない（皇位継承順序を養子前の自然血統により定めるか、養子後の人為的な血統によることとするかなど、順序の決め方が複雑になる。また人為的血統による場合、皇位継承順位を恣意的に変えることが可能になる）。

仮に養子により皇族となる制度を考えた場合、当事者の意思の一致により皇族となることが可能になるが、現行制度では皇族以外の者が皇族になる仕組みとして養子はふさわしくないと判断しているものと考えられる。これは基本的人権の問題のみならず皇族制度の基本的在り方に係る問題であると考えられる。

†行為についての自由と制約

(ア) 選挙権・被選挙権

天皇は象徴であり政治的に無色であることが要請されることから選挙権・被選挙権を持たないこととされている。上皇は前象徴であり、皇族も象徴に連なる立場にあることから同様に解される。

(イ) 思想及び良心の自由

思想及び良心の自由はあると解されるが、仮定の問題として天皇の内心と一致しないお言葉(公的行為であり天皇の意思をもととして行われる行為であるお言葉の場合)を天皇が述べることになるような場合(例えば天皇が謝罪の意を表したいと個人的に考えているにもかかわらす象徴としては謝罪の意を表すべきでないと内閣が判断する場合。あるいはその逆の場合)、天皇の思想及び良心の自由を制約することになるかという問題が生じ得る。

(ウ) 信教の自由

信教の自由は一般論としてあると解されている。天皇が皇室の祭祀を主宰されていることについては天皇自らの意思に基づき行われているものと解され人権の制約はないと考えられる。

仮定の議論として、天皇が宮中祭祀をやめると判断した場合、あるいは他の特定の宗教による行事を私的に宮中の宗教として天皇が実施することとした場合に、国が異論を唱えるようなことがなければ信教の自由があることになるが、現在このようなことは考え難い。

(エ) 学問の自由

学問の自由も基本的にはあると考える。ただ例えば現在の政治体制の批判的研究や政策論に結びつくような政治に影響を及ぼし得る研究発表を行うことが仮にあるとした場合、これについては私人としての行為であっても政治的に中立であるべきという象徴としての属性から制約を受けることはあり得ると考える。

(オ) 表現の自由

表現の自由についても基本的にはあると考えるが、政治に関与することになるような表現をされることは象徴としての属性から制約を受けることになると考える。また象徴に期待される品位を損なうような表現活動も制約を受けることになると考える。

(カ) 居住、移転の自由

現在天皇の住まいは、国事行為や象徴として宮中行事を行うのにふさわしいことから東京に定められているものと考えられ、また警備上の観点からの制約もあるなど、居住、移転の自由は制約されているものと考えられる。これは国の機関（象徴たる地位も含め）としてそのお立場に伴う制約であり、職業や地位によって居住に条件があることは一般国民でも見られることである。

皇族についても、天皇とはその制約の強さは異なるが、皇族としてのお務めとの関係から居住、移転の自由は制約されているものと考えられる。

上皇と上皇后については、警備上の観点あるいは経済上の観点から制約はあると考えるが、ご公務との関係からの制約は小さいのではないかと考える。

（キ）職業選択の自由

皇室の方々が学問研究・芸術活動等（著述、講義・講演、演奏など）により収入を得ることは、当該行為は職業とは言いがたいが、禁じられるものではない。また、宮家の皇族方がNHK、国際交流基金、日本ユニセフ協会に勤務される例もある。

ただそうしたご活動は、象徴たる地位、皇族たる品位にふさわしいものであることが事実上条件となっており、その意味では制約があると考えられる。

（ク）外国移住・国籍離脱の自由

日本国、日本国民統合の象徴である天皇に外国移住・国籍離脱の自由がないことは、象徴としての性格上当然のことと考えられる。皇族についても皇族としてのお立場やお務めとの関係から同様に考えられる。上皇上皇后についてもそのお立場上国籍離脱の自由はなく、外国移住も国民との関係を考えると想定されがたい。

(ケ) プライバシーの権利

天皇のプライバシーについては、天皇が象徴であることから、次の二つの面から一般国民とは異なった位置付けになると考えられる。

第一は象徴であるからこそ、そのプライバシー侵害は象徴を傷つけることにもなりかねず厚く保護されるべきという面である。そして第二は象徴であるからこそ公的な立場を有する人としてプライバシーが制約されてしかるべきであるという面である。

この点については天皇の地位・活動での公私の区別を判断の基準としつつ、プライバシーという観点から保護されるべき個々の法益と象徴であることに伴う前記の二面性との関係を検討し個々に判断していくことになると考える。

上皇については、前象徴として、象徴のお立場に関する事柄については天皇と同様に考えられるが、上皇として天皇に比べて公人性を控えられる立場であることから一層プライバシーは守られるべきと考える。

皇族についても公私の区別を判断の基準としつつ、象徴に連なる立場の持つ二面性との関係でプライバシーという観点から保護されるべき個々の法益をどのように守るかを考えることになる。

†私有財産に対する制約

皇室の方々の生活や公的活動に必要となる財産は国が提供する制度となっている（次節「4　天皇の地位と皇室経済」参照）が、別途財産の私有は認められている。

ただこの私有財産については、皇室と皇室外との財産の授受により皇室が一部の国民と特別な結びつきができることは象徴の属性である中立性の確保とは両立しがたいことなどの理由から、皇室外との財産の出入りについて国会の議決を要することとなっている（憲法第八条）。

4　天皇の地位と皇室経済

天皇の地位は様々な制度により支えられているが、経済的側面から支えているのが皇室経済制度であり、現在は皇室経済法などにより以下のとおりその骨格が定められている。

(一)皇室用財産(国有財産)

明治憲法時代、皇室は独自の財産(宮城・御所・離宮などの土地建物、御料林、調度品その他)を所有していたが、この皇室財産は戦後、皇室の私有財産として残されたもの(三種の神器。宮中三殿。お身の廻り品。現金等)を除き、制度改革を経て国の財産とされることになった。そして国の所有に移された財産の一部が国有財産たる「皇室用財産」(国有財産法第三条)として皇室の用に供されている。

この皇室用財産は、国有財産の一分類として定められているが、いわば皇室のための財産であり、寄附や交換などによって皇室用財産が増加するようなときには、原則として国会の議決を要することを国有財産法第十三条第二項が定めており、手続上の制約が設けられているところである。

例えば、皇室のご静養の場としての御用邸を皇室用財産とする目的で国民が国に寄附しようとする場合には(国有財産法第十三条第二項によれば、当該財産の価額が一億五千万円以上の場合)、国会の議決を経ることが必要になるということである。

こうした性格を有する皇室用財産の主なものとして、現在土地は、皇居、赤坂御用地、御用邸（那須・須崎・葉山）、京都御所、離宮（桂・修学院）、正倉院、御料牧場、陵墓等があり、建物としては、宮殿、赤坂御所、仙洞御所、皇族の各殿邸、御用邸、京都御所、離宮、正倉院等がある。

なお天皇皇族を葬る所（皇室典範第二十七条）である陵墓は皇室用財産であるが、精神的・宗教的な意義、世襲制度を支える皇室の歴史を体現する意義、文化的意義というように幅広い意義を持っている財産である。その管理の在り方においては、「皇室の御先祖のお墓……として静安と尊厳の保持が第一義」（平成十四年〈二〇〇二〉四月八日・衆議院・決算行政監視委第一分科会、宮内庁書陵部長答弁）であり、その本来の意義についての配慮が求められるところである。とりわけ令和元年（二〇一九）七月に仁徳天皇陵など御陵の一部が世界文化遺産に登録されることが決まったが、本義が損なわれないよう管理されることが望まれる。

（二）皇室の方々の私有財産

一方、皇室の方々それぞれの純然たる私産は現行制度上も存在し、ご由緒物とお身の廻り品などがある。ご由緒物とは、皇室経済法第七条が定める「皇位とともに伝わるべき由緒ある物」のことを指す。三種の神器、壺切の御剣、宮中三殿、東山御文庫に収められた宸筆《しんぴつ》その他の図書類等、皇后陛下の宝冠類、宸翰《しんかん》（直筆の文書）、肖像画、屛風類等が含まれる。

ただ、その処分等に関しては法的な制約がある。ご由緒物は皇位とともに伝わるべきものであり、またその他の私有財産に関しても憲法第八条は「皇室に財産を譲り渡し、又は皇室が、財産を譲り受け、若しくは賜与することは、国会の議決に基かなければならない」と定めていることは既に（七五頁で）述べたとおりである（なお、皇室経済法第二条は国会の議決を要しない場合を包括的に規定している）。

†経費はどのように処理されているのか

明治憲法時代、皇室は国庫からの定額金のほか皇室としての財産である資金（現金、有価証券等）や御料林などからの収入など独立した財源を持っていたが、こうした皇室の費用に関する制度も戦後の制度改革により「すべて皇室の費用は、予算に計上して国会の議決を経なければならない」（憲法第八八条）とされた。

これを受け皇室経済法は予算に計上する皇室の費用を「宮廷費」「内廷費」「皇族費」に区分している（皇室経済法第三条）。

皇室の費用のうち、公的な活動や皇室用財産の管理等に要する費用は宮廷費から、また天皇、上皇及び内廷皇族の生活等日常に関する費用（服装、日常の食事、研究、非公式な賜り・旅行などに要する費用）は内廷費から、皇族について品位保持に充てるための費用は皇族費から、それぞれ支出する制度となっている。

これらのうち、宮廷費は宮内庁の経理する公金であり（皇室経済法第五条。平成三十一年度は、百十一億四千九百三万円）、内廷費として支出されたもの及び皇族費として支出されたものは、宮内庁の経理に属する公金としない（同法第四条、第六条）とされ、皇室のご意思により使用される御手《おて》元金《もときん》となっている。

内廷費は、皇室経済法により、別に法律で定める定額を毎年支出するものとされており（同法第四条第一項）、これを受けて皇室経済法施行法第七条により定額が規定されている（平成三十一年度〈二〇一九年度〉は、三億二千四百万円）。

皇族費は、皇族または皇族であった者としての品位保持の資に充てるために支出するものとされ（皇室経済法第六条第一項）、次の二つがある。①年額により毎年支出するものとして、内廷外皇族に対しての支出（同法第六条第三項）、②一時金額により支出するものとして、初めて独立の生計を営む皇族（同法第六条第六項。例えば男性皇族が婚姻により独立の生計を営むことになる場合）及び皇室典範に定めるところによりその身分を離れる皇族（同法第六条第七項。例えば女性皇族が婚姻により皇族の身分を離れる場合）に対して、それぞれ支出されることが定められている（平成三十一年度の皇族費の総額は、二億六千四百二十三万円）。

なお、宮内庁の運営に関する費用（人件費・事務費など）は皇室の費用ではなく、宮内庁費から支弁される（平成三十一年度〈二〇一九年度〉は、百二十三億二千六百五十二万円）。

†課税はどうなっているか

皇室に対する課税については、原則としては国民一般と同様であるとされている。ただ、天皇の地位と不可分のものなどには次の制度がある。

・「皇位とともに伝わるべき由緒ある物」は、相続税が非課税とされている（相続税法第十二条第一項第一号。なお皇室典範特例法附則第七条により、平成から令和へのお代替わりに伴う由緒物の贈与については贈与税が非課税とされた）。

・「皇位とともに伝わるべき由緒ある物」とされる宮中三殿（賢所《かしこどころ》、皇霊殿、神殿）は、不動産取得税及び固定資産税が非課税とされている（地方税法第七十三条の三第二項。同法第三百四十八条第二項第一号の二）。

・天皇及び内廷皇族の用に供される物品は、関税が免除されている（関税定率法第十四条第一項）。

・皇室経済法第四条第一項（内廷費）及び第六条第一項（皇族費）の規定により受ける給

付は、所得税を課さないと定められている（所得税法第九条第一項第十二号）。

†象徴の地位と皇室経済

現在の皇室の経済制度は、①国が皇室に経済的な側面における基本的なお世話を提供する関係（例えばお務めの場である宮殿や住まいである御所の提供・管理）、②国が皇室の経済的な側面に一定の制限を設ける関係（例えば賜与譲受についての制限）といった二つの面をもつ制度となっている。

①の面から制度の運用に当たっては、象徴とそれにつらなる方々の尊厳・品位の保持にふさわしい施設・設備等を提供すること、皇室の方々それぞれのお立場にふさわしい公私のご活動を行うために不自由をおかけしないこと、皇室の公私の財産をその本来の意義を損なわない限りで象徴たる意義にふさわしい活用（皇居や離宮などの参観、正倉院宝物や御物の展示など）を図ること、などが国に望まれる。

また②の面からは、皇室が経済的行為を通して特定の社会的勢力と結びついたり宣伝に利用されることがないよう配慮すること、皇室の私的な経済活動が皇室の尊厳・品位保持にふさわしいものであるよう配慮すること、政教分離原則との関係に配慮することなど、皇室経済に対する国の制限がその趣旨に沿って適切に行われることが国に望まれる。

なお、昭和天皇の遺産に対する課税については、一時大きな問題となり国会でも議論となったが、皇室の方々の私有財産の相続については、皇室の連続性・一体性（皇室は財産的にも過去から将来に向けて一続きかつ一体の主体という面を持つ）に着目して、その財産的側面においても特別な対応ができないか、検討すべき課題であると考える。

第二章

天皇はどのような行為をおこなうのか

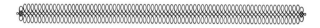

1 「天皇は国事行為だけをなされば良い」という議論について

†象徴という地位と天皇の行為

本章では、天皇の行為について、法的にどう定められているのかを詳しく見ていく。

憲法は、第一条で天皇は象徴であると定めている。また第三条から第七条までは天皇が行う国事に関する行為について定めている。

憲法がこのように天皇の地位と行為を定めていることについて、天皇は国事行為だけをなされば象徴であることになるのか、天皇が象徴であるためには国事行為だけでは不十分ではないか、という議論は憲法制定から間もない昭和二十年代から既にあった。

天皇が象徴であるためには能動的・積極的な機能を果たすことが必要であると解する立場と、天皇が象徴であるためにはその機能は受動的・消極的であるべきであると解する立場との間で議論が行われ、こうした立場の違いは現在まで引き継がれている。

そしてこうした議論の過程で天皇が国事行為以外に事実上行う行為を法的にどのように位置づけることが象徴天皇制度にふさわしいかについて議論が重ねられ、学説としては行為の二分説（国事行為と国事行為以外の行為（私的行為）に二分する）と三分説（国事行為、公的行為、私的行為に三分する。国事行為以外の天皇の行為を象徴という地位に関連する行為とそれ以外の私人としての行為とに分ける。多数説）に概ね整理され現在に至っている。

また政府も昭和三十年代には、国事行為以外の天皇の行為について、象徴という立場に関連して伝統的に皇室が行ってきた社会福祉や産業奨励、学術奨励などに関する行為の意義を国会で説明するなど、国事行為と純粋に私的な行為以外に象徴としての務めの存在を認めている。また、昭和四十年代には天皇には国事行為、私的行為のほかに公的行為と呼ばれる行為があることを認めている。

このように学説でも実務でも天皇が公的行為を行われることについては認められているが、ここではあえて天皇が行う公的行為は象徴としての地位との関係で必要なのかどうかということを論点としてとりあげておきたい。天皇が象徴であるためには公的行為は必要ではないという立場の意見を知ることが、象徴という地位について考えを深める上で重要であると考えるからである。

†象徴であるために公的行為は必要ではないという考え方

公的行為は不要という考え方には大きく分けて二つの考え方がある。

一つは公的行為をなさらなくても天皇はその存在だけで象徴であるという考え方である。この考え方に立つ場合でも公的行為をなさってはならないという論者は少なく、むしろ公的なご活動をありがたく捉えている論者もいると思われるが、天皇の象徴たるゆえんはその活動よりも存在自体にあるという考えである。

他の一つは、公的行為は天皇の象徴性を損なうおそれがあるという考え方である。この考え方には公的行為そのものを否定する立場（公的行為否定論）と公的行為の内容により象徴としての地位に反する危険性を指摘する立場（公的行為危惧論）がある。この否定論と危惧論に共通するのは、天皇の存在の重さゆえに大なり小なりその行為が国民に影響を及ぼし天皇が政治に巻き込まれる可能性を大きくするのではないか、それを回避するために、天皇は公的行為を行うことには慎重になるべきではないかという考え方である。

近年話題となった例としては、平成二十八年（二〇一六）八月八日の象徴としてのお務めについての天皇陛下のおことばにより国民が一気に譲位を支持し皇室典範にはなかった譲位が実現したことを問題視する議論がある。

私は、この譲位という問題は天皇陛下ご自身の地位に関する問題であり、一般的な国の制度に関するご発言とは明らかに区別ができる問題であるので、これ自体は憲法との関係においても全く問題ないと考えるが、天皇の行為により民意が形成されるということを象徴という地位との関係でどう評価するかは、個々具体に考えていくべき問題であろう。

第一章で私は天皇と象徴との関係に関して天皇の「関心喚起」について述べた（五二頁）が、天皇が国家・社会に関する様々な問題について国民の関心を喚起し、その分野や課題に目が向くようにする役割を果たすことは象徴にふさわしい行為であると私は考えている。

本来政治が解決すべき課題への対応を象徴に委ねるのは国民の目を政治的解決からそらせることになるという見方もあるが、私は象徴の果たす役割は政治とは異なる次元で国民の心を支えていくところにあると考えている。もちろん慎重に天皇の行為一つ一つと政治との関係に注目していくことは象徴天皇制度のためにも重要であるが、天皇の行為が民意に影響を及ぼすことは危険だという考え方は象徴天皇制度の意義を損ないかねないと懸念している。この問題についてはもう一度本章の最後で触れることとする（一二四頁）。

†象徴天皇制度において天皇の行為はどういう意義を持つのか

以上のような公的行為に対する消極論・不要論の考え方はそれぞれ十分な理由があり、また重要な指摘も含まれているが、基本的な立場として私は象徴天皇制度の維持継続のためには、国事行為が重要であることは言うまでもないが、国事行為以外の天皇の行為も重要な意義があると考えており、ここではその点について説明をしておきたい。

なお、こうした天皇の行為の意義について考える前提として、皇室の方々がどのようなご活動をなさっているかをきちんと認識し理解しておくことが本来必要である。

皇室の方々がいかにお忙しく、また多彩なご活動をなさってこられているかについては、宮内庁のホームページに日々のご活動が掲載されており、特に上皇上皇后両陛下の平成時代のご活動については「上皇上皇后両陛下（御在位中のおことばとご活動等）」という記事からその概要は分かると思う。是非ご覧いただきたい。

ということで具体的なご活動の紹介は他に譲るが、改めてここで象徴天皇制度において天皇の行為がいかに重要であるかを三つの側面から述べておきたい。

第一は、象徴天皇制度は天皇の行為によって具体化されその意義が明らかになる制度であるということである。

国民が天皇のお姿から我が国や国民統合の姿を思い浮かべる場合、その天皇のお姿というのは肖像の写真によるお姿だけではなく、国民の願いや希望に沿うような様々なご活動をなさっている天皇のお姿があるのではないかと思う。

国民と喜びや悲しみ・苦しみも共にされていることが伝わってくる天皇の具体的なお言葉やご活動に触れることを通じて、国民は皇室が国民と共にあるという実感を持ち、天皇が象徴であるということやその意味を感じ取っているものと私は考えている。

第二は、象徴天皇制度において象徴の在り方を決めているのは天皇の個々具体の行為である、ということである。言い換えれば、国民は天皇の個々の行為を通して象徴とは何であるのか、象徴とはどのように在るものなのか、ということを理解することになるということである。

第三は、象徴天皇制度に対してこの制度があって良かったと国民が考えるかどうかは、天皇の個々の行為にかかっているということである。

象徴天皇制度を制定したのは国民である。その国民が享受している制度の価値について考える際、何に基づいて評価をするかといえば——象徴であることを天皇に対して国民がお願いしているということから考えると大変申し訳ないことであるが——、天皇が実際にどのようなご活動をなさっているか、という点が非常に重要になっていると私は考えている。いわば象徴天皇制度の維持が天皇の行為にかかっていることになるのである。

もちろん、仮に政府の制度運用が余りに不適切であり例えば政府による天皇の政治利用が目に余るということにでもなれば、この制度は危険な制度であるという判断を国民が下すかもしれない。その意味では政府の役割も重要であるが、やはり国民にとっては天皇のご活動の在り方が、制度の価値や意義を理解することに直接結びつくのではないかと考えている。

2 天皇の行為を支える法的な枠組み

以上のように、天皇は、その行為を通じて象徴の内容を具体化し、象徴の在り方を示され、日々象徴像を築かれ象徴制度の維持に努めている。

ただ象徴制度も憲法上の制度であり、天皇個人のなさり方に全てが委ねられるのではなく、そこには象徴にふさわしい在り方を支える法的な枠組みが存在している。

そうした枠組みとして私は①行為分類（公私の区別）、②国政不関与、③政教分離原則との関係、があると考えており、以下この枠組みについて順次説明する。

†行為に公私の区別が設けられること

天皇の行為として憲法は国事行為を定めている。国事行為は天皇の国家機関としての地位に基づく行為という点で公的性格を持つ行為であり、また象徴としての地位にふさわしい行為と解されている。この国事行為が天皇の行為の第一の分類になる。

それではこの国事行為以外の天皇の行為についてどのように考えれば象徴という地位にふさわしい在り方になるかということが次の問題である。そしてこれに対応して考え出されたのが行為分類論であると考えられる。

この行為分類に当たり鍵になるのが天皇の行為を「公」と「私」に区別するという考え方である。天皇の行為において公と私を区別することの意義をまず述べよう。

それは第一に、公私を区別することにより、天皇の公の側面（＝象徴の側面）に望まれる価値を維持すべき領域を明確にし、象徴制度に期待される尊厳を確保することである。

そして第二に、公私を区別することにより、象徴たる価値から自由な天皇の私的領域を守り、人を象徴とする制度を維持することである。

すなわち、天皇に公的なお立場と私的なお立場があると位置づけ、それぞれの立場で行われるご活動について適用すべき規範の内容を分けることが、人を象徴とする制度の運用に役立ち、運用を可能にすることになると考えられるのである。

天皇が象徴の地位に基づく行為や象徴の地位に関連する行為をなさる場合には、象徴という地位に期待される規範に従われることが要請されよう。

天皇が国会や戦没者追悼式あるいは国賓来日の際の宮中晩餐でお言葉を述べられたり、植樹祭や国体などの行事に臨まれるため地方へお出ましになったり、また国際親善のために外国をご訪問されたりする行為は、天皇が象徴であることからお務めいただいている。

これらを公の立場での行為と位置づけることにより、それぞれの行為の在り方について象徴に求められる規範（国家的・公的意義、公平性、非政治性その他）に沿うことが求められることになる。

他方、天皇は象徴であるが、象徴に求められる行為のみを常に一日二十四時間なさることとは人を象徴としている以上あり得ない。睡眠、日々の食事（午餐や晩餐といった儀式ではない食事）、研究、趣味などの行為それ自体は象徴としての立場に求められる行為ではない。したがってそうした行為は「私的な行為」として、象徴に求められる規範とは無関係の行為として位置づけることがふさわしい行為となると考えられる。

なお「天皇に私なし」という考えもあり、これは天皇の在り方の特徴をよく言い表した表現であるが、法的には公私を区別することが可能でありまた意義があると考えている。

実際上、国民が天皇の行為に接する場合、それが私的なお出ましの場合であっても天皇の行為を象徴という立場と全く無関係に受け止めることは難しく、象徴という立場に求められる品位や憧れを私人としての行為であっても体現されることを国民は期待すると考えられる。天皇の行為のうち私室での読書、食事、芸術鑑賞等のように当該行為が国民に伝わることがない場合を除き、天皇は象徴に由来する価値と無関係ではいられないという点では、天皇に純粋に「私」の存する余地は少ないのかもしれない。また公私の意義は天皇の個々の行為が持つ象徴性の濃淡により段階的なものであり、その境界は曖昧であるという考え方もあろう。

ただ、それであっても、あるいはそれだからこそ、公私の区別があることを明確にして公私それぞれに期待される価値を守ることが象徴制度にとって重要であると私は考えている。

†国事行為・公的行為・私的行為(その他の行為)という三分類

こうした意義を持つ公私の区別を基礎に国事行為以外の天皇の行為を二分し公的行為、私的行為と位置づけ、天皇の行為を国事行為・公的行為・私的行為（政府は「その他の行為」と称している）の三つに区分するのが行為の三分説である。概要は次のとおりである。

○国事行為

根拠：憲法第三条、第四条、第六条及び第七条
地位：天皇の国家機関としての地位に基づく行為
国との関係：内閣の助言と承認を要し、内閣が責任を負う
経費：宮廷費
具体例：憲法が定める行為（第四条第二項、第六条第一項・第二項、第七条）
天皇以外が行うことについて：

・摂政設置が可能。摂政は天皇の名で国事行為を行う（第五条。皇室典範第三章）
・天皇の委任により皇族による臨時代行が可能（第四条第二項。国事行為の臨時代行に関する法律）

○公的行為

根拠：憲法上明文の根拠はない。象徴の地位にある天皇の行為として当然に認められる

地位：天皇の自然人としての行為であり、象徴としての地位に基づく行為

国との関係：内閣が責任を負う

経費：宮廷費

具体例：外国公式訪問、地方行幸（全国植樹祭、国民体育大会、豊かな海づくり大会、災害見舞い、戦後五十年に当たっての行幸など）、都内行幸（国会開会式、全国戦没者追悼式、国が主催する式典など）、宮中行事等（認証官任命式、一般参賀、天皇誕生日祝賀、講書始《はじめ》の儀、歌会始の儀、園遊会、勲章・褒章受章者等の拝謁、国賓・外国賓客等関係諸儀式など）、名誉総裁就任（オリンピック・パラリンピック）

天皇以外が行うことについて：象徴である天皇が行うことにより意義がある行為。なお、天皇自らが行うことができない場合、天皇のご名代として天皇の命により天皇に代わって皇太子などの皇族が行う例はある（式典のご臨席など）。

○私的行為（その他の行為）

天皇の私人としての行為であり、最終的には内閣が責任を負う。公的性格ないし色彩を有する行為と、そうした性格を有しない純然たる私的行為があるとされている。

◇公的性格ないし公的色彩のある行為

具体例：地方行幸（即位礼及び大嘗祭後神宮に親謁《しんえつ》の儀など）、都内行幸（個人としてのご関心による福祉施設訪問・企業視察など）、儀式等（天皇大喪儀、大嘗祭、皇族喪儀など）、御進講を受ける行為

経費：宮廷費

◇純粋に私的な行為

具体例：地方行幸（私的旅行、神宮参拝など）、都内行幸（個人としてのご関心による音楽会・美術展鑑賞、大相撲など）、宮中祭祀、日常の生活（研究など）

経費：内廷費

†政府の考える「公」について――公的行為における「公」とは何か

政府も三分説に立つが、学説では私的行為とされる行為を「その他の行為」と位置づけている点に特色がある。またその他の行為の中には、個々の行為の特定の側面に着目して

公費（宮廷費・宮内庁費）を支出することが可能な行為もあるとしている点も独特である。
ただ、この政府の考え方は「公」とは何か「私」とは何かという点を考えるに当たっての視点を示唆しており、また公と私の基準の適用の仕方を提示している点において参考になることから、以下、この政府の公私の考え方を述べておく。

政府が従来公的行為として位置づけている天皇の行為をみると、国が主催するなど国が直接関わる儀式・行事へのご臨席・お言葉などの行為、国賓関係行事へのお出ましなど天皇が国を代表する面がある立場に関する行為、あるいは全国的規模の大会や広く国民が関心を持つ出来事に関する行為（行幸、ご臨場、お言葉など）が、公的行為とされていると見られる。すなわち、日本国及び日本国民統合の象徴にふさわしい国家的・全国民的な規模や内容に関する行為を政府は「公」と考えており、逆に特定の施設への訪問は原則として公的行為とはされていないように解される。ただ、そうした特定の施設に何らかの意味で特別な意味があり同所への訪問が政府や地方の行政機関の願い出に基づく場合などは公的行為と位置づけられることになっているようである。

†「その他の行為」における「公」とは何か

前項のように考えると「公」の意味は随分と限定され狭くなっているように思われるが、

政府はその他の行為は天皇が私人の立場で行う行為であるが、その中には「公費」を支出することが可能な行為があると説明している。このことに鑑みれば、政府は公的行為の「公」とは別の観点からの「公」を有する行為を認めていると考えることができよう。

こうした公費を支出することが可能な行為は「公的性格ないし公的色彩がある」（以下便宜上双方の意味を含めて「公的性格」と表記する）行為と称されることがあるが、ここで重要なのは、どのような意味でそれぞれの行為に「公的性格がある」と解されているかということである。

その他の行為のうち、公的性格がある行為としてしばしば例に出されるのが天皇大喪儀や大嘗祭といった天皇のお代替わりに伴って行われる皇室行事を主宰する天皇の行為である。また、個人的なご関心による福祉施設訪問や企業の視察、文化奨励の意義を有する音楽会・展覧会等へのお出かけなどもその他の行為であるが公的性格があるとされ、そのほか、政府関係者や地方自治体関係者からのご進講を受けられることも公的性格があるとされている。

こうした行為は、天皇が私人としての立場で行う行為に位置づけられるが、それぞれ次の意味で「公的性格がある」とされている。天皇大喪儀については崩御された天皇が国民的敬弔の対象であるという点で公的性格があるとされ、大嘗祭については、憲法が定める皇位の世襲に伴う重要な儀式でありその儀式に国が関心を持ち挙行を可能にすることが当然である、という意味において公的性格があるとされている。また、諸施設・催し物等へのお出かけは、福祉の奨励、産業の奨励、文化・芸術等の奨励という意味で公的性格があると解されているものと考えられ、ご進講については、象徴である天皇が国情を知り理解を深め、あるいは一般的な教養を高めるために行われるという意味で象徴としてのお立場にもふさわしく公的性格があるとされているものと考えられる。

こうした政府の考えを整理すると、天皇の私人としての行為であっても、①国家あるいは国民と何らかの意味で関係がある行為であること、あるいは、②天皇が象徴の地位にあることと無関係に行われる行為ではないということ、から当該行為が公的性格を有するといった判断がなされているものと考えられる。

にもかかわらず、こうした行為を公的行為とせず、私的な立場におけるその他の行為とするのは、次の理由があるためと考えられる。すなわち、①天皇大喪儀・大嘗祭は、私的な立場の行為とすることにより、当該行為に公費を支出しても政教分離原則に反しないこと、②当該分野において我が国を代表するとまでは言えない施設・催し物等への行幸であっても、私的立場での行為とすることにより、公平性の観点から他の類似の施設・催し等への行幸を期待されるという象徴に求められる規範から自由になること、③ご進講については、仮に象徴という国家的立場において国情についてご進講を受けることとした場合、そこに政治的な意味合いがあると誤解されるおそれがあり、私的立場での行為とすることによりそうした誤解を回避できること、がそれぞれの背景にあるためと考えられる。

この政府の公私の考え方は分かりにくくまた曖昧な面もあるが、象徴天皇制度の運用上、重要な意味があると考えられる。

†国政不関与であるとはどういうことか

天皇の行為については、天皇が国家及び国民統合の象徴であることから、国民の中に対立が現にあり様々な異なる立場からの議論があるような国家的課題について特定の価値や利害を代表したり特定の立場に加担するような行為はふさわしくないと解され、天皇の国政不関与が定められている（憲法第四条第一項）。この国政不関与という規範は、具体的には「天皇の政治的行為の禁止」と「天皇の政治利用の禁止」という形で象徴制度を支える枠組みとなっている。順に説明していく。

†天皇の政治的行為の禁止

まず①「国事行為」と政治の関係はどうなっているか。

天皇が国家及び国民統合の象徴であることから、憲法は、国家の秩序を体現し国家制度の運用に関わる行為として天皇の国事行為を定めている。この国事行為は、国家秩序や国の制度運用に関わるという点において広い意味で政治的な性格を持つ行為と言えるが、このことをもって国事行為が天皇の政治的行為であるとは解されていない。また、行為自体は政治に関する行為であることから厳格に運用され、天皇の意思が行為の内容に反映し得ない仕組みとなっている。

次に②「国事行為以外の行為」と政治についても、見ていこう。天皇の行為と政治的行為との関係につき議論があった主な事例は次の通りである。

・増原恵吉防衛庁長官内奏時の昭和天皇のご発言の有無（昭和四十八年〈一九七三〉五月二十六日）

増原防衛庁長官は防衛問題などについて天皇に内奏を行った後、記者団に昭和天皇の防衛問題についてのご発言（「近隣諸国に比べ、自衛力がそんなに大きいとは思えない。国会でなぜ問題になっているのか」「国の守りは大事なので、旧軍の悪いことは真似せず、いいところは取り入れてしっかりやってほしい」との内容）を明らかにし防衛二法の審議を前に勇気づけられたと語った。この防衛庁長官の発言に関して昭和天皇のご発言があったとすれば天皇の国政関与ではないかが国会で問題になった。また昭和天皇のご発言として防衛庁長官がこれを公表したことが天皇の政治利用に当たるという議論もあった。

・沖縄の将来に関する天皇メッセージ問題（昭和五十四年〈一九七九〉）

現行憲法施行後間もない昭和二十二年（一九四七）九月に昭和天皇が沖縄等のアメリカによる長期占領の継続を希望され、同内容のメッセージを連合軍総司令部に宮内庁御用掛を通じて伝えたという内容の記事が昭和五十四年（一九七九）に雑誌『世界』四月号に掲載され、当該行為の有無や天皇の政治との関わりが問題となった。

・靖国神社参拝

昭和天皇は戦後、昭和五十年（一九七五）十一月二十一日まで八回靖国神社に参拝されたがその後ご参拝は行われず、現上皇陛下は皇太子時代に四回ご参拝になったが在位中の参拝はなかった。

靖国神社参拝は天皇の私人としての行為とされ、政教分離原則との関係では問題はないとされているが、天皇がA級戦犯が合祀されている靖国神社に参拝されることが外交上の問題（政治問題）となるということから参拝は行われていないとされている。

†天皇の政治利用の禁止

平成時代に天皇の政治利用という観点から議論となった主な事例は次の通り。

・天皇皇后両陛下中国ご訪問（平成四年〈一九九二〉十月二十三日〜二十八日）

日中国交正常化二十周年の年に当たる平成四年、天皇皇后としての初めての中国ご訪問が決定される過程で、天安門事件以降孤立化する中国を訪問されることの是非などを巡り意見が大きく分かれた。政治とは関わることのない国際親善の訪問が政治問題化し、訪中に反対する立場からは、天皇の政治利用ではないかとの意見があった。

・習近平中国国家副主席（当時）の天皇ご引見《いんけん》（平成二十一年〈二〇〇九〉十二月十五日）

天皇陛下の習近平中国国家副主席ご引見（元首・王族以外の外国賓客とお会いになること）は、同国家副主席の訪日日程がなかなか定まらず、いわゆる「一か月ルール」（諸外国の要人が天皇との会見を希望する場合は会見当日の一か月前までに申請することとした宮内庁・外務省間の取決め）によりご引見実施は無理であったところ、内閣から宮内庁への要請により実施されるに至った。これに対して、野党などから天皇の政治利用との批判があり問題となった。

・東京オリンピック・パラリンピック招致活動（平成二十五年〈二〇一三〉三月〜九月）

オリンピック・パラリンピックの招致活動は国や都市をあげての競争であり政治性の高い活動という見方もあり、皇室の関わりは従来消極的・間接的であったところ、二〇二〇年開催のオリンピック・パラリンピックの招致の際には、天皇陛下の行為はなかったが、皇室が関わる行事がいくつもあった。

開催地選定に向けて現地調査のためIOC評価委員会が平成二十五年三月に来日の際に、皇太子殿下（今上陛下）が東宮御所でIOC関係者にお会いになり、また来日中の評価委員が出席した総理主催の「公式歓迎・東京オリンピック開催五十年記念夕食会」に高円宮《たかまどのみや》妃殿下が臨席された。

さらに同年九月、開催地を決めるIOC総会がアルゼンチンのブエノスアイレスで開催された際、高円宮妃殿下がアルゼンチン国をご旅行になりIOC総会でご挨拶をされ、また彬子《あきこ》女王殿下がチリ国ご訪問の途次アルゼンチン国にお立ち寄りになり、IOC関係者にお会いになったが、こうした皇室の一連のご活動について、皇室を政治利用したものではないかとの批判があり問題になった。

・「主権回復・国際社会復帰を記念する式典」（平成二十五年〈二〇一三〉四月二十八日）

この主権回復・国際社会復帰を記念する式典は政府主催の式典であり特定の政治団体が主催する行事ではなく、閣議決定を経て天皇皇后両陛下ご臨席が決められていた。よって、この式典へのお出ましは政治的な意味合いはないことも含め政府が責任をもってご臨席を決定したということになる。にもかかわらず、この式典の背景に四月二十八日を「主権回復記念日」として国民の祝日にしようという政治的運動があったこと、また沖縄を中心に政府式典への反対の動きがあったことから、天皇皇后両陛下のご臨席が政治利用ではないかとの議論があった。

†天皇は政治から超越した地位にあるべき

これらの事例については、天皇と統治機構との関係は「天皇は象徴として統治機構に権威を付与する立場であり、この立場を維持するためには、天皇は政治から超越した地位にあるべき」という象徴制度の基本的な仕組みに沿って対応すべきであると考える。

仮に、天皇が政治利用されていると見られることがしばしばあるとすると、あたかも天皇の基本的な姿勢や気持ちとは無関係に政府が天皇に行為を強制する力があり、天皇が政府の道具であるかのような印象を国民が持つようになりかねず、天皇が政府の政策実現のための一機関であるかのように国民に受け止められるという危険があると思う。

また、我が国の歴史を振り返ると、政治的・社会的に危機的な状況になった場合に国民が皇室に何とかしてほしいと期待するという心情に陥る可能性が無いとは言えない。だからといって国民の期待に応えて皇室が政治的に活動をすることは皇室制度の基本を損なう危険な事態を招くことになる。

政府の象徴天皇制度の運用の在り方次第では、政府が天皇に対して命令をするかのように国民に受け止められて天皇の「超越性」を傷つけるおそれがあると同時に、国民の中で意見が分かれる政治的問題に天皇が巻き込まれることにより国民全体との「一体性」も損なうおそれがあるのではないか、と懸念するところである。

†政教分離原則

天皇の行為のうち祭祀は天皇の地位の根底にある大変重要な行為とされている。また我が国の政治的統合や国家秩序の基礎に祭祀が位置した歴史もある。

天皇を象徴であると憲法が定める背景には、一つには皇室の長い歴史があり、また一つには国家国民のために祈る存在である天皇が有する精神的権威やありがたみ（宗教的な権威もこの中に含まれると解することもできる）があって、それぞれが重要な位置を占めているという考え方に立てば、宮中祭祀は天皇の象徴性と深い関係があるということになる。

他方、憲法は国家と宗教との分離を原則としており、第二十条第一項の後段は「いかなる宗教団体も、国から特権を受け、又は政治上の権力を行使してはならない」と定めている。また同条第三項は「国及びその機関は、宗教教育その他いかなる宗教的活動もしてはならない」と定めているので、公務員がその身分で宗教的活動をすることは禁じられている。さらに第八十九条は「公金その他の公の財産は、宗教上の組織若しくは団体の使用、便益若しくは維持のため……これを支出し、又はその利用に供してはならない」と定めているので、宗教上の儀式のために公費を支出することや公の財産を利用に供することも認められていない。

象徴の地位の背景にある宗教的性格・伝統的価値を尊重しつつ政教分離原則をどのように守っていくか、この点がこの政教分離原則のポイントであるが、皇室の伝統に沿った儀式や祭祀がどのように行われているかを、皇室の儀式の中で大変重い儀式である皇位継承儀式と、恒例の宮中祭祀を例に確認しておくこととする。

†皇位継承儀式をどう捉えるか

象徴天皇の持つ宗教的性格と政教分離原則との関係が具体的な形で現われる事柄として皇位継承に伴う儀式がある。

皇位継承儀礼は古代から行われ、平安時代の初めにお代替わり直後に行われる「践祚《せんそ》の儀」と、その後に期間をおいて行われる「即位の礼」が分離したが、それ以後皇位継承儀礼は次のような順序で行われた。①践祚の儀式は皇位の証となる宝器の伝授を中心とし、②皇位に即《つ》いた天皇がこれを広く宣示することは即位礼において行う。また即位礼の後には大嘗祭《だいじょうさい》（大嘗宮の悠紀殿《ゆきでん》・主基殿《すきでん》において即位後初めて新穀を皇祖及び天神地祇《ちぎ》に供えられ天皇自らも召し上がり国家・国民のためにその安寧と五穀豊穣などを感謝し祈念される儀式。天武天皇以降実施）を行うというように、践祚の儀、即位礼、大嘗祭といったそれぞれ重要な意義を持つ儀礼が皇位の継承に伴って行われてきた。

このような歴史を経て、明治憲法下では旧皇室典範が、第十条で践祚について、また第十一条では即位の礼・大嘗祭について定め、皇位継承儀礼を法制度化するとともに、さらに儀礼を構成する個々の儀式の名称や式次第は登極令（明治四十二年〈一九〇九〉、皇室令第一号。なお皇室令は現行憲法施行に伴い廃止）が詳細に定めていた。

これに対して現行皇室典範では皇位継承に伴う儀礼について即位の礼の実施を定めている（同第二十四条）ものの、その具体的な内容を定めた規定は存在しない。即位の礼がどのような儀式であるか、すなわち、皇室の伝統である践祚の儀、即位の礼、大嘗祭の全てを含むのかどうかということは、この皇室典範の条文からは必ずしも明確にはなっていなかった。

こうした制度上の枠組みの中で現行憲法制定後初めてとなった平成度の即位儀式について、政教分離原則との関係で議論となった点を中心に以下述べることとしたい。

なお、政教分離原則以外の論点、例えば国民主権原則との関係等については、紙数との関係から省略する。

まず、皇室典範に定められている「即位の礼」を構成する儀式であるが、即位の礼は天皇の国事行為としての儀式とされ、そのため政教分離原則により、宗教上の儀式と見られる大嘗祭はこれには含まれないこととなった。また、明治憲法下の践祚の式及び即位の礼に相当する儀式についても宗教上の儀式と見られる宮中三殿や神宮などでの儀式は即位の礼には含まれず、宗教色のない儀式が即位の礼として行われた。

具体的には、明治憲法下では践祚の式と称された即位直後の儀式として「剣璽《けんじ》等承継の儀」（天皇が皇位を継承したあかしとして剣璽及び国璽・御璽を承継される儀式）及び「即位後朝見の儀」（即位した天皇が三権の長を始め国民を代表する人々に初めて会われる儀式）が行われ、また天皇の一年間の服喪が明けた後の平成二年（一九九〇）十一月には「即位礼正殿の儀」（即位を公に宣明されるとともに、その即位を内外の代表がことほぐ儀式）、「祝賀御列の儀」（広く国民に即位を披露され、祝福を受けられるための御列）及び「饗宴《きょうえん》の儀」（即位を披露され、祝福を受けられるための饗宴）が天皇の主宰する国事行為たる儀式として行われ、これらの五つの儀式で即位の礼が構成されるとされた。

今上陛下のご即位に伴う即位の礼はご譲位を受け即位された当日の令和元年（二〇一九）五月一日に「剣璽等承継の儀」及び「即位後朝見の儀」が行われた。また同年の十月に「即位礼正殿の儀」と「饗宴の儀」が、さらに「祝賀御列の儀」が台風被害に鑑み十一月に延期され行われた。

これらの五つの儀式のうち即位後朝見の儀、祝賀御列の儀及び饗宴の儀についてはその形式及び内容から宗教上の儀式ではないことは明らかで、政教分離原則との関係での議論はないが、剣璽等承継の儀と即位礼正殿の儀については平成度の際には次の点が議論となっていた。

剣璽等承継の儀については、儀式の中で重要な意義を持つ剣璽と宗教との関係が議論となった。すなわち、剣璽は神話に基づく神器であり宗教色があり、剣璽等承継の儀は宗教的な儀式であるので国事行為として行うことは違法性があるのではないかとの指摘があったのである。これに対し政府は、剣璽は皇室経済法第七条に定める「皇位とともに伝わるべき由緒ある物」であって公的な性格を有するものであり、この点に着目し、即位のあかしとして儀式が行われるものであるから、政教分離の原則に反するものではないといった見解を示し政教分離原則との関係で問題はないとしていた。

また即位礼正殿の儀と政教分離原則との関係については、まず儀式の意義及び内容について、即位式は天孫降臨神話を儀礼化したものであるとの説を唱える学者もいたが、政府は、即位礼正殿の儀は天皇が即位を公に宣明されるとともにその即位を内外の代表がことほぐ儀式であると意義づけ、この儀式の内容には宗教上の儀式としての性格を有するものは見られないので憲法二十条三項が禁止する宗教的活動には当たらないことは明らかであり問題はないとした。

また即位礼正殿の儀において式場に設えられる高御座《たかみくら》（天皇が昇られお言葉を述べられる伝統的な調度品）や天皇が儀式でお召しになる装束である黄櫨染御袍《こうろぜんのごほう》の宗教的色彩の有無につき国会で質問があったが、政府は高御座は、歴史上伝統的皇位継承儀式の中核である即位の礼において古来用いられてきた、皇位と密接に結びついた古式ゆかしい調度品であり、また、黄櫨染御袍は、平安時代以来の我が国独自の正装であり、いずれも宗教的なものではないと説明をした。

このように国事行為として行われた儀式については、皇室の伝統を尊重しつつ、政教分離原則に反することのないものとして実施されたが、大嘗祭など宗教上の儀式と見られる諸儀式については、天皇が私人としての立場で主宰する行為（行為分類上は「その他の行為」）と位置づけて行われ、象徴としての地位とは切り離されて実施された。

ただし、大嘗祭など即位に伴う宗教上の儀式については、一世に一度の極めて重要な伝統的皇位継承儀式であるから、政府は、皇位の世襲制をとる我が国の憲法の下においては、その儀式について国としても深い関心を持ち、その挙行を可能にする手だてを講ずることは当然と考えられるという意味において公的性格があるとの立場をとった。このため、大嘗祭などは私人としての行為であるにもかかわらず、その実施に必要な費用は国費から支出されたところであった。

以上の平成度の考え方が踏襲され令和の大礼も挙行されたが、皇室の伝統の持つ宗教的性格と象徴の意義との関係について議論が深まることがなかったのは残念であった。

なお、天皇主宰の儀式と政教分離原則との関係については、このほかにも昭和天皇崩御の際の大喪の礼（天皇が国の機関として主宰する国事行為）と大喪儀（天皇が私人として主宰する皇室行事）との関係、あるいは天皇の国事行為として皇太子結婚式を宗教的建造物である賢所で行われたことなど、これまでに議論された事例はいくつかあるが紙数との関係から省略する。

†宮中祭祀について

宮中三殿等で行われる祭典や行事は、現在、恒例のものでも、数え方にもよるが年に二十以上行われている（宮内庁ホームページによる。宮中祭祀の内容については同ホームページを参照いただきたい）。

それぞれの歴史を有する宮中祭祀は、明治時代に皇室祭祀令（明治四十一年〈一九〇八〉皇室令第一号）としてまとめられ、現在、皇室令が法的根拠を昭和二十二年（一九四七）五月二日限りで廃止されたことにより皇室祭祀令は法的には存在しないが、皇室においては同令に準じて祭祀が行われているものと拝察するところである。

こうした宮中祭祀は皇室の歴史・伝統に鑑みれば天皇の象徴性と深く結びつき、象徴たる天皇の地位保持と関係が深いものであると私は考えているが、現行憲法の下では宮中祭祀は宗教と解され政教分離原則との関係から天皇の私的なお立場での行為とされている。

3 国民は天皇の行為をどのように受け止めているか

†世論調査に見る国民の期待

天皇はこうした枠組みの中で、幅広い活動をされそれぞれが大切な意義を持っているが、国民が天皇の活動をどのように受け止めまたどのような活動を期待しているか、世論調査の結果を見てみよう。

平成から令和にかけての調査（読売新聞社平成三十一年〈二〇一九〉一月～二月調査。共同通信社令和元年〈二〇一九〉五月調査）によれば、新天皇に国民が期待する活動としては、国際親善、被災地ご訪問（お見舞い）、社会的弱者への励まし、戦没者慰霊のための戦跡地訪問などがあがっているが、こうした傾向は、平成の初期や即位二十年（平成二十一年〈二〇〇九〉）に際して行われた世論調査の結果と比べて大きな変化はない。

平成時代の世論調査も含め国民の期待を概観すると、国事行為に専念することを望む国民は十％前後から二十％程度（複数回答の場合数字が大きくなっている。以下の数字も同じ傾向がある）であるが、国事行為と同等あるいはそれ以上に、国際親善、被災地ご訪問、社会的弱者への励まし（福祉施設や高齢者施設への訪問）、戦没者慰霊、伝統文化継承といった公的行為への期待が大きなものとなっている（項目によりばらつきがあるが、二十％前後から六十％以上の国民の期待がある）。また私的行為である宮中祭祀についても十％から三十％の国民が期待しているなど、国事行為以外の行為についても国民の期待は引き続き大きなものとなっていると言えよう。

†象徴としての行為と天皇の意思

こうした調査にも現われているように、国民のいだく象徴像に大きな影響を及ぼすのは天皇が象徴としての地位に基づいて公的な立場で行われる公的行為であると考える。

この公的行為は象徴である天皇の意思をもととして行われる行為とされ、基本的にはその時々の天皇の考えを反映した行為であると考えられる。ただ、この天皇の意思は象徴としての立場にふさわしいと天皇が判断した内容の意思であると考えられるが、その意思の内容が象徴にふさわしいものであるかについては政府の責任で判断し、最終的には国民が判断することになり、天皇の意思だけで行為の在り方が決まるものではない。

天皇の意思との関係においてこうした仕組みを持つ公的行為について、例えば天皇のおことばについて、おことばは内閣や宮内庁が作成した役人の作文であり、天皇はそれをそのまま読んでいるだけであると受け止める人や、地方へのお出ましも地元と宮内庁がお膳立てした日程に従って天皇は動いているだけというような受け止め方を耳にすることもある。また反対に天皇が恣意的に訪問先や儀式の内容を決めているのではないかという受け止め方もあるかもしれない。

天皇の公的行為の内容が具体的にどのように決められていくかを知る立場に私はないが、天皇が政府の指示通り動かされたり逆に恣意的に行動されているという受け止め方は、少なくとも公的行為の基本的性格や法的枠組みから考えると、違うのではないかと考えている。ここで様々な活動における天皇の意思と政府との関係を制度の基本的な仕組みをもとに整理しておきたいと思う。

もちろん公的行為にも例えば外国訪問のような国家の代表という面が際立つものや、歌会始のように皇室の伝統文化を継承する行事など幅があり、それぞれ天皇の意思と政府との関係も異なって然るべきと考えるので、以下その活動別に考え方を整理していくこととする。

(ア) おことば

天皇は、式典等でおことばを読まれるだけではなく、記者会見や宮中行事でも発言されるが、本書では「おことば」の意味を幅広く捉え、様々な機会に様々な形でお気持ちやお考えを表明になる天皇の行為を「おことば」と総称して、以下説明する。

この意味でのおことばには、多くの異なる形がある。このおことばには公的行為のほか私的行為でのおことばもあるがそれも含め以下列挙する。

「式典でのおことば」: 式典としては、即位礼正殿の儀・退位礼正殿の儀（いずれも国事行為たる儀式。ただおことば自体は公的行為）、国会開会式、戦没者追悼式、各種記念式典など挙げればきりがない。なお、国事行為たる儀式でのおことばや国会開会式のおことばは閣議決定がなされている。

「国賓行事でのおことば」: 会見、宮中晩餐などの際のご発言やおことば。

「外国ご訪問時のおことば」: 外国ご訪問の際、晩餐会や歓迎式典でのおことば、訪問先でのご発言等。

「ご親書」：天皇陛下から外国の元首あてのご書簡や外国元首からのご書簡に対するご返書等。

「ご感想」：新年等に当たって発表されるご感想。

「一般参賀でのおことば」：新年、天皇誕生日等の際の参賀者に対するおことば。

「行事中のおことば・ご会話」：拝謁、お茶、ご会釈（勤労奉仕団）等々の際に参列者に対するおことばや参列者とのご会話がある。

「行幸啓先でのおことば・ご会話」：それぞれの行幸啓先で、関係者に対するおことばや関係者とのご会話がある。奉送迎者と会話される場合もある。

「記者会見でのご回答」：お誕生日や外国ご訪問に先だって記者会見が実施され、記者からの質問にお答えになる。

「ご研究関係等のご発言」：ご専門の研究分野についてのご発言、ご発表。

以上のような、ご発言の場面、趣旨、対象、あるいは公表想定の有無などその性格を異にする様々なおことばの内容に関して、天皇の意思と政府の意思の関係についても、一様ではないと考えられる。

ただ、「天皇の意思」と「政府の意思」との関係について、基本的な在り方は次の二つであると考えられる。

①天皇が、このようにご発言になりたいという意思を表明され、それを天皇のおことばとしていただいて差し支えないと政府が承認・了解する在り方（その過程で意見交換があることは想定されないことではない）。

②政府が、天皇にこのようにご発言いただきたいと助言・提案し、天皇がそれを天皇のおことばとすることについて了承する在り方（こちらの場合でも、その過程で意見交換があることは想定されないことではない）。

こうした二つの在り方があると考えるが、先に列挙した各種類のおことばについて、このいずれの在り方が主であるかは、おことばの性格や場面により異なり、また場合によっては一つのおことばの中でもこの二つの在り方が混在していることはあり得ると考えられる（行事中のご会話や奉送迎者など一般国民とのご会話にように臨機にご対応なさるおことばについては、事後的に政府が了解し責任を持つという考え方の整理になるのではないかと思われる。私的なお立場でのご発言は①の在り方が殆どではないかと考えられる）。

また、二つのいずれの在り方であっても、天皇に政治的発言がないよう、政府は確認し意見を述べることが可能な仕組みとなっていると考えられる。

ただ、いずれにしても、政府が一方的に天皇のおことばの内容を決めて、天皇がそれを単に読み上げたりご発言になるという性格のものではないと考えられる。

おことばの内容を決定する過程で、天皇と政府との間で意見交換があったとしても、あくまでも、おことばの内容は天皇自身のお気持ちであると解さないと、天皇のおことばとしての「ありがたみ」がなくなることになりかねず(例えば、被災地でのおことばや被災者に対するお気持ちが、仮に全て政府作成のものであり天皇はそれを述べられたりお示しになっただけであるということであったら、その受け止められ方は随分異なることになると思う)、象徴としての役割を天皇が十分に果たすことが期待できなくなるおそれもある。

他方で、政府がおことばを通して天皇の政治利用を図ろうとした場合どうなるのか、という問題はある。これは前記の②の在り方の場合に生ずる問題である。こうした場合に天皇は拒否することはできると考えられるが、拒否すること自体が政治的行為と解されたり、当該おことばの内容が政治利用に当たるかどうかの判断自体が政治的行為と解されるおそれがあるので、実際はなかなか難しいことになるのではないかと考えられる。それだけに、おことばが政治利用にならないよう、政府は慎重に対応することが求められることになろう。なお、当該おことばの内容については、政府は提案したという点において、責任を持つことになるのは言うまでもない。

(イ) 儀式・行事の主宰、出席

儀式・行事にも様々なものがある。これも列挙してみよう（国事行為たる儀式については省略。憲法第四条第二項、第六条、第七条参照。なお国事行為たる儀式は内閣の意思により天皇が国の機関として主宰）。

「伝統に関する儀式・行事」：歌会始、講書始など。

「外国交際に関する儀式・行事」：国賓等のご接遇、拝謁、お茶、ご会見、ご引見、在日外交団のご接遇（牧場、鴨場、鵜飼）など。

「社交に関する儀式・行事」：園遊会、午餐、国内要人の鴨場ご接遇など。

「功績者・功労者に対する儀式・行事」：拝謁、お茶、ご会釈など。

「一般参賀」：広く一般の人々を対象に、新年、天皇誕生日などに行われる。

これらの儀式・行事についても、①天皇が、このような儀式・行事を催されたいという意思を表明され、それを政府が承認・了解する在り方、②政府が、天皇にこのような儀式・行事を催していただきたいとお願いし、天皇がそれを了承する在り方、といった二つの在り方が制度運用の仕組みとしてあると考えるが、こうした儀式・行事については、政府からの一方的な申し出により天皇が催すということではなく、天皇のお気持ちにより催され、天皇がお招きになるものであり、そうした天皇のお気持ちを、政府として了承しているものと解されるのではないかと考える。

（ウ）外国ご訪問

天皇の外国ご訪問は、政治的意義を持つ外交ではなく、友好親善を目的とした外国交際の一つのご活動と考えられている。その意味では、我が国と訪問先の国との間で既に確立している友好関係を確認する行為であると考えられるが、さらに、友好関係を増進することも、ご訪問の目的としてふさわしいものと考えられている。

したがって、我が国と訪問先の国との間にある懸案事項等解決のためのご訪問や、訪問先の国に政治的に利用される可能性があるご訪問は、こうした目的に照らして問題があり、政治利用と受け止められるおそれが大きいということになる。

こうした意義を持つ天皇の外国ご訪問について、天皇の意思と政府との関係はどうなっているのか、また政府は訪問先の国の決定にどのように関与し責任を負うのかということが、特に政治利用との関係で問題になる。

天皇の外国ご訪問については、通常、政府の責任は閣議の手続きを通じて明らかにされている。天皇の公式訪問は閣議で決定されるがこの閣議決定は、天皇にある国をご訪問いただきたい旨を政府として「お願いする」という政府の意思決定であり、それを受けて、天皇が天皇の意思により当該国のご訪問を決定することになっている。

ただ従来、天皇陛下（現上皇陛下）は記者会見の場でしばしば天皇の外国訪問は政府が検討し政府が決定することになっているとお答えになっており、訪問先の国の決定は政府が行いその決定を受けて天皇が訪問するというように考え方が整理されていると見受けられ、訪問先の国の決定は政府の意思によるのが実態であると考えられよう。

（エ）国内行幸啓

国内の天皇皇后の行幸啓にも様々な形がある。まず公私による区別がある。行幸啓は「公的な行幸啓」「公的ではない（私的な）行幸啓」というように一般には区別され、この区別により、お供の体制、経費の区分が異なっている。

また、地方行幸啓と都内行幸啓との区別や、恒例の行幸啓と臨時の行幸啓といった区別もあるが、こうした様々な行幸啓のうち公的な行幸啓先をどのように定めるかについては、政府（関係省庁）や地方公共団体の推薦等を伴った行事等の主催者からの願い出が基本となる。

この願い出を受けて行幸啓の実施の有無について天皇皇后の意思が確認され、最終的な決定になるものと考えられるが、行幸啓をなさっていただく際に、行幸啓先での具体的な個々のご活動のなさり方は、天皇皇后両陛下のお気持ちによりなされており、政府が、そのなさり方について、(最終的な責任は負うものの)具体的な指示をするような性格のものではないと考えられる。

また、政府との関係で、やや特殊と思われるのは戦没者追悼式への行幸啓であり、これについては天皇皇后両陛下のご臨席を仰ぎ実施することが閣議決定の「別紙」に定められている。このほかにも重要、異例な行幸啓については閣議に報告されており、戦後五十年の行幸啓、被災地への行幸啓などの例がある。

(オ) 賜与

天皇陛下からの賜りについては、宮廷費(国の費用)による賜与と、内廷費(皇室の私的費用)による賜与とがある。この賜与には賜ることを通して、皇室のお気持ちを国民に伝えるという意義があると考えられる。

この賜与については、宮廷費による賜与であっても、宮廷費は皇室のお気持ちに沿って使用される性格の費用と解され、その賜与の意思は政府にあるのではなく、天皇にあると解することが、賜与の意義に適うことになる。ただ、宮廷費による賜与の場合、賜与の対象が、公平性・平等性・中立性の観点から問題ないか、政府としては注意を払う役割を持つことになると考えられる。

（カ）伝統の継承

伝統継承は天皇の象徴としての地位と結びつきが強くまた国民の期待も大きい行為となっている。個々のご活動としては、歌会始や講書始のような公的行為として行われる儀式のほかに私的なお立場で行われる天皇陛下のお稲作、皇后陛下のご養蚕などを挙げることができる。

こうしたご活動は、皇室の伝統に最もお詳しい天皇皇后両陛下のお気持ちによってなされており、その継承のなさり方に政府として意見を述べることはほとんどないのではないかと考えられる。

（キ）宮中祭祀

宮中祭祀は、政教分離原則により公的行為とは位置づけられないが、天皇の象徴性と深く結びついている大変重要なご活動の一つである。その具体的な内容については、事柄の性格上、広く公にされているものではなく、本書で私が説明できることはない。また、宮中祭祀は、天皇のお考えにより行われており、その内容について、政教分離原則との関係から政府は関与する立場にはないといえる。

以上の（ア）から（キ）までの説明で天皇のご活動が網羅されているわけではもちろんないが、①これらの多彩なご活動は、いずれも天皇のお気持ちによる行為であることにより意義が深まり価値が高まる行為であることに留意し、お気持ち（お気持ちの内容が象徴のお立場に反しない内容であることは大前提であるが）を大切にする配慮が政府には必要であること、②そして天皇の政治利用については、天皇が拒否することは実際上困難であると考えられることから、政府は余程注意を払う必要があること、を繰り返しになるが、この項の最後に述べておきたい。

なお、外国ご訪問や行幸啓、宮中行事などの具体的な内容については天皇ご本人でなければ分からないこともあると思われる。例えば日程に無理がないかどうか、訪問先や儀式の場での相手とのやりとりの中で、これまでのご経験からどういった点に注意すべきか、そのためにどういう準備をすべきかということがそうした例になるのではないかと思う。こういった事柄については天皇ご本人のお考えを尊重することが、行事が円滑に進みまた意義深いものになることにつながると考える。

†天皇の行為が持つ国民への影響力をどのように考えるか

天皇の意思をもととして行われる行為によって国民の意見が形成されることについて、これは天皇の意思が世論を形成することであり危険なことであるという考えがあることは既に述べたところである（八七頁参照）。

私は譲位に関するご発言が国民の気持ちを動かしたことをもって同ご発言が象徴天皇制度を危うくする行為であるとは考えないが、天皇の行為が持つ国民への影響力をどのように考えるかという点は制度にとって重要な問題であると考えている。

天皇の行為が国民の意思の反映に留まらず国民の気持ちを動かすような何らかの影響を及ぼすことは避けられないことと私は考えている。

障害者スポーツへの国民の関心を高めること、社会的に弱い立場の人への国民の理解を深めること、戦争の記憶を将来の国民に伝えていくこと、沖縄の歴史を国民が共有することなど様々な分野での天皇の活動が国民の気持ちに働きかけ影響を及ぼしていることは確かだと思う。こうした天皇の行為を政治や行政への介入であると見る立場もあるであろう。ただ、私はこうした天皇の行為は、予め国民に意見を聞けば多くの人が賛同するような行為であるという意味で、最終的には国民の総意に反する行為ではないと考えている。象徴という立場にある天皇による政治・行政とは次元の異なる行為であり、象徴制度の意義に沿った行為であると考えている。

ただ、政治利用との関係での危険性は常に注意が必要である。

天皇の行為が国民に影響を及ぼすことについては、私はその行為の目的と具体的な態様の観点からその是非を判断すべきと考えている。

天皇の行為が憲法の理念に沿い、あるいはその意義を深める行為であるのであれば、その点において国民に影響を及ぼすことが問題であるということにはならないと考える。平和を祈念し過去の戦争に伴う様々な出来事に言及されることや、社会的弱者に心を寄せる行為が憲法の理念に反する行為とは考えられない。

ただこうした趣旨目的をもつ行為であっても、その具体的なさり方が（実際にはあり得ず、これまでもなかったが）、例えば、特定の立場に立つ団体の平和集会にご臨席なさるとか、社会的弱者に対する国の措置について訴訟となっている場合に当該弱者を応援する行為をされるような行為は、象徴としての地位にはふさわしくないことになる。一つの価値の実現（例えば平和の維持、弱者の救済）の方法や道筋を巡って様々な立場や対立があるような状況の中で、特定の立場に荷担する行為は象徴の行為にふさわしくないという考え方によるものである。

このように考えると、天皇の行為が憲法の価値や普遍的な価値に沿う方向で国民に影響を及ぼすような場合は、行為の目的の観点から象徴の行為として問題はないが、ただ、その行為の具体的な内容が、政治的な対立を超えた次元（あるいは、政治的対立が生ずる以前のどのような立場でも共有できる次元・段階）の行為であって、超越的な立場からのものであると国民に受け止められる内容であることが、象徴である方の行為には求められるということであると考える。

このような意味で象徴の行為としてふさわしい行為であれば、その天皇の行為によって国民の気持ちが一つの方向にまとまっていくことは象徴天皇制度の趣旨に反するものではないと考えている。

第三章

皇族とはどのような存在か

1　皇族制度の意義

本章では皇族という制度について説明していく。皇族とは一般に天皇の親族の呼称として理解されていると思われるが、その範囲や制度としての意義について見ていくことにする。

†皇室のご活動を維持するために——象徴制との関係

皇族方は、宮中での諸行事や国内各地での行事・式典へのご参列、福祉や文化・スポーツあるいは国際親善に関する諸団体などの名誉総裁・総裁としてのご活動、国際親善のための外国ご訪問など、幅広いご活動を通じて国家・国民のために尽くされている。

皇族の役割として、法律上明記されている行為（摂政や国事行為の臨時代行に就任し国事行為をなさること等）があるが、制度が定めた役割以外にも皇族方は様々なご活動を通して天皇の象徴としてのご活動を補い分担するという役割を担われている。

†皇位継承資格者の確保——世襲制との関係

皇族方は世襲による皇位継承制度の維持に関する役割を担われている。皇位の世襲制は天皇に配偶者と子があることを前提にしており、また天皇と血縁のある皇位継承資格者がその時々の天皇の次世代以降に一定数存在することが制度の安定のために必要である。天皇の配偶者や子をすべて皇族とするのかどうか、また皇位継承資格者として天皇の兄弟やその子孫をどの範囲まで皇族とするかについての考え方は時代により変遷があるが、一定の範囲の天皇の親族を制度上特別の身分を持つ皇族と位置づけることは、皇位の世襲制維持のために不可欠なことと考える。

こうした二つの意義がどのように皇族制度の中で具体化されているかについて以下説明し、本章の最後でこうした意義にふさわしい規模についての考え方を述べたい。

2 天皇、上皇、皇族

まず制度上、天皇と上皇は皇族とは異なる別の身分・地位とされていることを確認しておく。天皇及び上皇が皇族の一員であるかのように誤解されることもあるが、皇室は天皇、上皇、そして皇族により構成されていることを理解いただければと思う。

†天皇と皇族との相違

（ア）制度で定められている天皇と皇族との相違

天皇が皇族と異なる地位にあることは、憲法の規定から明らかである。天皇は象徴であり国事行為を行うことを憲法は定めているが、皇族について憲法にはその地位や行為を直接定めた規定はない。

また、皇室典範にも天皇と皇族との間には区別が見られる。

まず敬称が異なっている（同第二十三条）。天皇の敬称は「陛下」であり、皇族は「殿下」と定められている。ただし、皇后・太皇太后・皇太后は皇族であるが、天皇の配偶者という特別な立場にあることから明治皇室典範制定以降は「陛下」とされている（それ以前は「殿下」）。上皇后も皇族であるが「陛下」とされている（皇室典範特例法第四条）。陵墓についても同様で、天皇については「陵」とされ、皇族は「墓」とされている。ただ敬称と同様、皇后・太皇太后・皇太后・上皇后は「陵」とされている（皇室典範第二十七条。皇室典範特例法第四条）。なお、天皇・上皇、皇后・太皇太后・皇太后・上皇后が亡くなることを「崩《ほう》ずる」「崩御《ほうぎょ》」と称し、前記皇族以外の皇族が亡くなることを「薨《こう》ずる」「薨《こう》去《きょ》」と称する。

また儀礼の位置づけが異なっている。皇室典範は天皇の地位の継承があったときは即位の礼を行うことを定め（皇室典範第二十四条）、また、天皇が崩じたときは大喪の礼を行う（同第二十五条）と定めているが、皇族についてはその身分の取得や崩御または薨去に際しての儀礼を定めた規定はない。

天皇については身分を離れることを定めた規定はなく、皇族と異なりその身分を離れることはできないとされる。ただし皇族であっても次代の天皇である身分の皇太子・皇太孫は皇籍離脱ができない。なお、皇室典範特例法では天皇がその地位を退き上皇となることを定めている。

逆に皇族のみが有する立場もある。皇室会議の議員・予備議員となる資格である（同第二十八条・第三十条）。なお皇室会議は、皇族二方、衆参両院の議長と副議長、内閣総理大臣、宮内庁長官、最高裁判所長官と同判事一名により構成される。皇位継承順序の変更や、天皇・皇太子や皇族男子の婚姻、皇籍の離脱、摂政に関する議題を審議する（皇室典範第三条、十条、十一条、十三条、十四条、十六条、十八条、二十条）。

（イ）実際の運用などでの相違

制度上の相違以外にも皇室の慣行などにより天皇と皇族とが区別されている例がある。

天皇は皇族に宮号・称号を賜る立場にある。宮号・称号は法的制度ではなく、その在り方は皇室のお考えによっている。宮号《みやごう》は内廷にある皇族が婚姻などにより独立する際に天皇が賜り（秋篠宮、常陸宮《ひたちのみや》、三笠宮《みかさのみや》など。なお、桂宮、高円宮のように宮家の次男及び三男にあたる親王が独立の際に賜った例もある）、また、内廷皇族としてご誕生になった皇族の幼少時の称号も天皇が賜っている（継宮《つぐのみや》〈現在の上皇陛下の幼少時の称号。以下同じ〉、浩宮《ひろのみや》〈現在の天皇陛下〉、敬宮《としのみや》〈愛子内親王殿下〉、礼宮《あやのみや》〈秋篠宮皇嗣殿下〉、紀宮《のりのみや》〈現在黒田清子様〉、義《よしの》宮《みや》〈常陸宮殿下〉など。秋篠宮家の内親王殿下及び親王殿下はご誕生時に内廷皇族ではなく、幼少時の称号をお持ちではない）。

天皇と皇族との立場の相違を示す個々の事例は、このほか数多くあるが（例えば用語の違い。天皇のお出ましは行幸と称され、皇后、皇太子、皇太子妃の場合は行啓と称される。他の皇族の場合は、お成りと称される。なお皇嗣である秋篠宮と同妃については行啓ではなくお成りと称されている）、いずれにしても天皇を皇室の中心に位置づけて皇室全体の制度が形作られ運用がなされていると考えられる。

（ウ）天皇と皇族の役割分担

皇室が行うご活動には、天皇のみならず皇族が手分けをされて行われる例が少なからずある。宮中での行事としては、宮中晩餐、園遊会、歌会始、一般参賀などのように天皇が皇族を伴われて行われる行事がある。また、鴨場《かもば》（千葉県と埼玉県にあり、野生の鴨を独特の伝統的方法により網で捕獲する技術を保存している）での外交団の接遇のように天皇のお出ましはなく皇族が接遇される例もある。

また、国家的・国民的な行事へのお出ましは皇室の方々が分担される例がある（国体へのご臨席。万博へのお出ましなど。オリンピック・パラリンピックについても分担されると考えられる）。こうした行事のほか、大きな災害が発生した際の現地へのお見舞いやお励ましなども天皇自らあるいは天皇の意を体し皇族がなさっている。

名誉職における分担もある。例えば日本赤十字社については、天皇自身は名誉職に就任されないが、皇后が名誉総裁にご就任になり、また他の皇族（全皇族ではない）が名誉副総裁に就任されて皇室全体として日本赤十字社の活動を支援されている。

国外に目を向けると、外国元首の訪日に対するご答礼などとして天皇の名代の皇族が外国をご訪問になる例（昭和時代は多く見られたが平成時代には名代によるご訪問はない）、皇族がご自身のお立場で友好親善のためご訪問になる例、外国王室の結婚式典や葬儀に当たって天皇自らがご訪問にならない場合に天皇が皇族をご差遣になる例など、多くの例がある。

役割分担としてはさらに福祉・文化・学術・スポーツ・産業などの奨励や支援、また国際親善（日本と王室のある他国との友好協会の総裁就任、外交団との交際、外国訪問など）など様々な分野で、皇族方それぞれのお考えや関心・経歴などに基づきご活動になり、皇室全体として天皇のお気持ちに沿ったご活動をされていると見受けられる。

†天皇と上皇の関係

皇室典範特例法により、天皇陛下（第百二十五代天皇）が譲位され上皇となられた。この上皇については同特例法第三条がその身分を定めているが、その敬称（陛下）や皇統譜登録、喪儀、陵墓については天皇と同様に位置づけられている。

また、譲位に至った経緯から当然のことと考えるが、上皇は皇位継承資格を持たず、摂政や国事行為の臨時代行を務める資格も持たない。皇室会議の議員となることもない。

さらに同特例法第三条は上皇に関して、天皇の例による事項（第二項、第三項）と皇族の例による事項（第四項。皇室典範第九条等を想定）を掲げている。

このような地位にある上皇については、天皇と上皇との権威の二重性ということが譲位が実現する前の議論の段階で論点となり、またお代替わり後話題になることもあるが、譲位後の権威の二重性ということは心配する必要はないと私は考えている。

そもそもこの権威の二重性ということが、どういうことを意味しているのか必ずしも明確ではない。歴史上の院政を思い浮かべる人もいるかもしれないが、皇室の歴史の中で上皇となられた方のうち実質的に政務を執った方は、白河上皇、鳥羽上皇、後白河上皇、後鳥羽上皇の四方《よんかた》であり、時期としては、平安時代後期から鎌倉時代前期の百三十年余りの期間と言われている。天皇が政治権能を持たない象徴天皇制度のもとでこうした院政はあり得ないことは言うまでもない。

また、昭和から平成へのお代替わりから間もない時期に、昭和天皇は権威・威厳があったがこれに比べ新天皇はそこまでの権威・威厳はないということを言う人もいたが、これと同じような発言が平成から令和へのお代替わり後にあったとしても、これは昭和から平成へのお代替わり時と同様に過渡期における一時的な現象であると思う。

そもそも天皇として数十年そのお務めを果たされた方とこれからそのお務めを始めようとする方を比較することに無理があり、また新旧のお二方が比較されることは世襲制による地位に伴う常態とも言え、このことをもって権威が二重化するとか、権威の二重性が生ずるということにはならないと考える。

あるいは皇室の中で上皇と新天皇は父子の関係であるから、上皇が新天皇よりも重みを持ち権威を持つことになるのではないかということを称して権威の二重性という言葉を用いようとしているのかもしれないが、仮にそのようなことがあったとしてもそれは皇室内のご関係であって、国民との関係では権威の二重性という問題にはならないと考える。

†皇族の活動と皇室の一体性

以上のように皇室において制度上も事実上も天皇はその中心にあって特別な立場にあるが、皇族方もそれぞれ独自の立場で活動をされていらっしゃる。

皇族の活動も天皇の活動と同様に公私に区別され、最終的には内閣がその責任を負うことになるが、摂政や臨時代行として国事行為をなさるとき以外は、それぞれの意思をもととして活動されることになる。

ただ、特に公的な活動については、先に述べたような天皇と皇族との関係から、その内容が天皇のお考えに沿うものとなることが皇室の一体性という観点から望ましいことになる。皇族の個々の活動について一つ一つ天皇のお考えを確認されているかどうかは分からないが、外国訪問や公的な名誉職への就任など国や国民との関係がとりわけ強い活動に関しては天皇の了解を得てなさることが皇室の在り方として自然ではないかと考える。

また、皇族方も様々な機会にお気持ちを公にされることがあり、その内容も発言された皇族ご自身に関してではなく皇室全体に関する事柄についての発言の場合もある。そうした場合にその皇族の発言が皇族ご自身のお考えによるものなのか、皇室のお考えを天皇に代わって述べられたものなのか、国民には分からない場合もある。

皇族それぞれがお考えを持ち、皇室の中で意見を交換されることは、皇室制度をより柔軟に運用し維持していくために有用なことと思われる。ただ皇室の一体性という観点からは、皇室としてのお考えが一つにまとまる以前の段階で特定の皇族の考えだけが国民に伝わることとなると、あたかもそれが皇室としてのお考え、言い換えると天皇のお考えであるかのように受け止められたり、あるいは皇室内に意見の不一致があるのではないかと受け止められるおそれもある。

皇室全体に関する事柄についての発言は、このようなおそれもあるということを理解された上でなさることが、皇室制度の今後にとって望ましいのではないかと考えている。

3　皇族の範囲・区分

†現在の制度

皇族は国民と区別される特別の身分であるが、さらにこの皇族も天皇との血縁の遠近や配偶関係などその立場により異なる位置づけがなされ、現在次のような制度となっている。

(ア) 皇族の範囲

現在皇室典範では、「皇后、太皇太后、皇太后、親王、親王妃、内親王、王、王妃及び女王を皇族とする」と定め(同第五条)、また「嫡出の皇子及び嫡男系嫡出の皇孫は、男を親王、女を内親王とし、三世以下の嫡男系嫡出の子孫は、男を王、女を女王とする」と定めている(同第六条)。上皇后も皇室典範特例法第四条により皇族とされている。また皇太子は皇嗣たる皇子であり(同第八条)、親王(一世の親王)の身分を持っている(皇太孫は皇嗣たる皇孫であり二世親王)。

同第六条の「三世以下」という場合の「世」は、天皇(その時々の天皇ではなく歴代のいずれかの天皇)と当該皇族との血縁上の関係を示しており、歴代の天皇の子に当たる方を一世、孫を二世、曾孫を三世(以下同様)と数えている(子が二世ではないことに注意。また、この「三世以下」は四世・五世のように、より天皇から遠い血縁を意味する)。

これを現在の皇室の構成を基に具体的に考えると次のようになる。

現在、皇后と上皇后はいらっしゃるが、平成時代の香淳皇后のような先帝(昭和天皇)の未亡人である皇太后はいらっしゃらない。

また、親王は、秋篠宮皇嗣殿下（文仁親王殿下）、悠仁《ひさひと》親王殿下、常陸宮殿下（正仁親王殿下）の三方がいらっしゃる。今上陛下の弟である秋篠宮殿下は前天皇の次男であり一世親王となり、秋篠宮殿下の長男の悠仁親王殿下は前天皇の男系男子の孫であり二世親王である。常陸宮殿下は昭和天皇の次男であり一世親王である。これらの親王殿下に配偶者がいらっしゃる場合その方は親王妃となる。親王妃としては、秋篠宮皇嗣妃殿下、常陸宮妃殿下のほかに、三笠宮崇仁《たかひと》殿下（大正天皇の四男で一世親王。薨去）の配偶者の同妃殿下、寬仁《ともひと》親王殿下（三笠宮殿下の長男で大正天皇の男系男子孫の二世親王。薨去）の配偶者の同妃殿下、高円宮憲仁《のりひと》親王殿下（三笠宮殿下の三男で大正天皇の男系男子孫の二世親王。薨去）の配偶者の同妃殿下の合計五方いらっしゃる。

内親王は三方であるが、今上陛下の長女である愛子内親王殿下は一世内親王である。また秋篠宮殿下の長女眞子《まこ》内親王殿下、次女佳子《かこ》内親王殿下は、いずれも前天皇の男系女子に当たる孫であり二世内親王となる。

王は現在いらっしゃらないが、女王は三方いらっしゃる。二世親王であった寬仁親王殿下のそれぞれ長女と次女である彬子女王殿下と瑶子《ようこ》女王殿下、同じく二世親王であった高円宮殿下の長女である承子《つぐこ》女王殿下がいずれも三世の女王である。

なお、秋篠宮殿下は皇位継承順序第一位であり皇嗣と称されるが、将来秋篠宮殿下が皇位を継承され天皇となると、悠仁親王殿下、眞子内親王殿下、佳子内親王殿下はいずれもその時点で天皇の子となり一世親王、一世内親王となる。この場合愛子内親王殿下は前の天皇（今上陛下）の子という立場は変わらないので一世内親王のまま変化はない。

（イ）内廷皇族と内廷外皇族

皇族は、内廷にある皇族とそれ以外の皇族（内廷外皇族）とに区別される。前者は天皇のお身近にあり生計も共にされる方々と理解され、現在は皇后陛下、上皇后陛下、愛子内親王殿下が該当する。後者の内廷外皇族については、宮家皇族とも称され、独立した宮家を構える皇族方、現在では秋篠宮家、常陸宮家、三笠宮家、高円宮家の方々がこれに該当する。

内廷皇族としては、皇后、太皇太后、皇太后、皇太子、皇太子妃、皇太孫、皇太孫妃が具体的に列記され、このほかにも内廷にある皇族があるとされている（皇室経済法第四条）。この内廷にあるその他の皇族としては、例えば、皇族のうち当代の天皇の直系長系子孫であって、婚姻などにより独立の生計を営むまでの皇族（例えば、婚姻前の文仁親王殿下）や婚姻により皇族の身分を離れるまでの皇族（例えば、婚姻前の清子内親王殿下）などが該当する。また上皇后も皇室典範特例法附則第五条により内廷皇族となる。

†皇族の範囲の歴史的変遷

現行制度の皇族の範囲については以上であるが、皇族の範囲は歴史上変遷があり、これについて、①天皇からの血縁の遠近、②親王宣下《せんげ》による皇族の範囲の拡大、③内親王・女王の婚姻後の身分、④天皇及び男性皇族の配偶者の身分、⑤非嫡出子の身分、の五つの視点から説明をする。

(1) 天皇からの血縁の遠近

皇族の範囲については天皇からの血縁の遠近を基本とし、八世紀の大宝令によれば一定の世数の方までを皇親《こうしん》（皇親と皇族との相違については一四五頁参照）としていたが、明治時代に至り明治皇室典範制定の際、世数により範囲を限定する制度とせずに永世皇族制を採用することになり、現在に至っている。

なお、八世紀以降、令制の下では、天皇の兄弟と天皇の子を親王（親王を一世とする）とし、四世の王までを皇親と定めていた。（男系の女子についても同様の考え方に拠っていた。なお、その後、一時期五世の王も皇親となった時代はあった）。

(2) 親王宣下による皇族の範囲の拡大

親王・内親王については前記のように天皇との血縁関係を基準にして定まることとなっ

ていたが、九世紀以降、特に天皇による裁決（勅裁《ちょくさい》）を経た者のみが親王とされるようになり（「親王宣下」と言われる）、令の定めを適用すれば親王となる天皇の兄弟や子であっても、この親王宣下を受けなければ、親王と称することはできなくなるように変化していった。

さらにこうした変化を背景に、天皇の兄弟や子でなくても親王宣下を受ければ親王と称することができるようになり、後の世襲親王家のように、令制では皇親に当たらない五世以下の方であっても、親王宣下により親王となることが可能となった。

（3）内親王・女王の婚姻対象及び婚姻後の身分

内親王・女王の婚姻対象及び婚姻後の身分については、次の①から④のように歴史上変化を見せている。

①内親王・女王は、天皇・皇親（一部五世王を含む）以外の男性との婚姻が禁じられていた時代（令制の下では、内親王は四世王まで、二世から四世の女王は五世王までとしか婚姻が許されないと解されている）

②内親王・女王は、天皇・皇親以外の男性との婚姻が事実上認められ、その場合婚姻後も当該女子は皇親の身分を失わなかった時代（令制が変化する八世紀末以降から明治二十二年〈一八八九〉明治皇室典範が定められるまでの間）

③内親王・女王は、天皇・皇族以外の男性との婚姻も認められるがその範囲は制度上一定の範囲（華族の一部）とされ、また、天皇・皇族以外の男性との婚姻の場合、婚姻後は皇族の身分を離れることとされた時代（明治皇室典範による制度）

④内親王・女王は、婚姻対象の範囲について制度上の限定がなく、天皇・皇族以外の男性との婚姻の場合、婚姻後は皇族の身分を離れることとされた時代（現行の皇室典範による制度）

（4）天皇及び男性皇族の配偶者の身分

令制下では皇族でない女性が天皇または男性皇族の配偶となっても皇族とはならなかったが、明治皇室典範制定以降は、皇族でない女性も婚姻により皇族となることとなった。

（5）非嫡出子の身分――嫡出子のみを皇族とする制度へ

天皇及び男性皇族（皇親）の非嫡出子についても明治皇室典範下の時代までは皇族（皇親）とされたが、昭和二十二年（一九四七）制定の現行皇室典範では非嫡出子は皇族とはしない制度となった。

〔参考1〕皇親と皇族

天皇の親族を称する言葉としては古くから「皇親」と「皇族」がある。

皇族という言葉は、続日本紀の中で見られるほか、中国の古い文献（宋書など）にその用例がある。ただ、大宝令において「皇親」の語を用いて規定を設けたことから、律令制度の下では皇親の語が用いられ、明治に至るまで皇族の語の用例は多くはなかった。明治以降は、明治皇室典範において皇族の語を用いて制度を定めており、現在の皇室典範も皇族の語が引き続き用いられている。

〔参考2〕現行憲法下での宮家

昭和二十二年十月に、大正天皇の皇男子であり昭和天皇の弟に当たる三宮の宮家を除き、十一宮家五十一方の皇族が皇籍を離脱された（いずれも伏見宮の系統の方とその配偶者）。

その後、昭和時代には昭和天皇のご次男のご結婚に伴い常陸宮が、また三笠宮家のご次男、ご三男がそれぞれ独立され桂宮、高円宮が創設され、平成時代になり天皇陛下（現在上皇陛下）のご次男のご結婚に伴い秋篠宮が創設された。

なお、平成時代に秩父宮、高松宮、桂宮は絶えており、令和元年（二〇一九）の時点で宮家は秋篠宮、常陸宮、三笠宮、高円宮の四宮家となっている。

4　次代の天皇としての皇嗣とは、皇太子とは

†皇嗣の制度と歴史

皇位継承順位が第一位の皇族を皇嗣《こうし》という。現在の皇室典範は皇嗣であって天皇の子である方を皇太子としており、どなたが皇太子となるかは制度上自ずと定まることとなっている（天皇の長男が皇太子となる）。また皇嗣であっても天皇の子でない場合は皇太子といわないというのが現在の皇室制度であり、こうした制度は明治皇室典範により整えられた形を概ね引き継いでいる。

ただ、時代を遡ると皇嗣制度もこうした現在の制度とは異なっていた。天皇の後継ぎは概ね歴代天皇がその在位中に定めており、次の天皇と定められた方を皇太子と称していた。この次の天皇と定められた方（皇太子）は天皇の子であるとは限らず、天皇の孫の場合、あるいは天皇の兄弟やその他の皇族の場合であっても皇太子と称された例もあった。また天皇の弟を皇嗣とした場合に特に皇太弟と称したことも数例見られた。

なお、女性の皇太子としては、歴史上、聖武天皇の皇女であって後に孝謙天皇（重祚《ちょうそ》し称徳天皇）となった阿倍内親王の例があるのみである。

†皇太子と他の皇族との待遇の違い

次代の天皇とされた皇太子は特別な地位にある方として他の皇族とは異なる待遇とされている。その歴史を遡ると次のようになる。すなわち、大宝令は皇太子の敬称は「殿下」と定めたが一般の親王にはこうした定めはないこと（現在はいずれも敬称は「殿下」）、令制の下で皇太子のお出ましは行啓といわれるほか、皇太子については特別な言葉が用いられたり、文書に闕字《けつじ》（敬意を表すために、文書中その名などを書く際に、そのすぐ上を一～二字あけて書くこと）がなされるなど他の親王にはない扱いがなされていること、そのお世話をする職制や経済についても特別な扱いがあったこと、などである。

また、皇太子は江戸時代に至ってもその地位が大臣よりも上位にあった。他方、他の親王は江戸時代には大臣よりも下位に位置づけられ、皇太子との違いは大きなものがあった。さらに天皇が巡幸される際には、皇太子はその留守の任にあたる特別な地位であったことも挙げられる。これは「監国《かんこく》」といわれ、現在の臨時代行に当たるような地位である。

明治皇室典範制定により皇位継承順位が定められ、皇太子と他の親王との待遇の違いは、それまでよりもいわば相対化されたが、現行制度の下でも身分、儀式・行事、宮中祭祀、お世話の在り方などに皇太子と他の親王とには相違が見られる。

具体的にはまず、皇太子が皇族の身分を離れることは親王と異なり制度上ない。摂政や臨時代行の就任順位は皇太子が第一位となる。儀式・行事については、皇太子就任に当たり立太子の礼が国事行為として行われた。また皇太子の成年式や結婚式は他の皇族の場合と異なり国事行為として行われた。歌会始の歌の披講の扱いも異なる。宮中祭祀においては、皇太子は殿上での拝礼であるが、他の親王は庭上での拝礼となる。皇太子のお世話については、東宮職という組織で東宮大夫をはじめとした職員がその任にあたる。各親王の宮家の職員は宮務官はじめの職員がお世話にあたるが東宮職に比べ職員数は少ない。なお各宮家に係る事務を担当する宮務主管や宮務課という組織は別途ある。

†皇太子制度の意義

現在、皇室に皇太子という制度がある意味は、将来の天皇となる方を明確に定め、天皇となる準備をなさっていただくことにあると考えられる。この準備には二つの面がある。

一つは内外の人々に向けての準備である。次代の天皇として広く国民に紹介され、国民の期待を集める存在となることが大切な準備となる。さらには外国に対しても、次の天皇としてその存在を紹介する機会をできるだけ設けることがその地位にふさわしいということになる。

他の一つは皇太子自身に関わる準備である。次代の天皇としての教育を受け、経験を積まれるということであり、準備という意味ではこちらの方が基本であると思われる。

このような立場にある皇太子は、天皇が国事行為を行うことができない場合その務めを他の皇族に優先して行う（皇室典範第十七条、第十九条）など、皇位に最も近い皇族として、天皇主宰の皇室の諸行事に参列されるほか、天皇がお出ましになる諸行事に準ずる内容の諸行事にお出ましになり、皇室に対する国民の様々な希望におこたえになり、天皇をお支えする役目を果たすことが期待される立場にある。

†皇嗣と皇太子を区別する意味はどこにあるのか

皇嗣とは皇室典範に規定されている言葉で、天皇の後継ぎ、もう少し厳密に言うと皇位継承順位第一位の男子皇族ということになる。そして、この皇嗣とは別に皇太子についてこれも皇室典範第八条が定めている。

この第八条の趣旨は、単に皇位継承順位第一位の男子皇族ということだけでは皇太子とは称せず、皇位継承順位第一位の男子皇族でありかつ皇子（その時点の天皇である方の子）である場合を皇太子と言うことである。この皇嗣と皇太子を区別する意味はどこにあるのか。皇嗣という立場のみでは、その時点では皇位継承順位第一位であっても第一位であることが確定しない立場、言い換えれば次の天皇となることが確定しない立場であるのに対して、皇太子の場合は、皇位継承順位第一位であることが確定し、その皇太子が天皇より先に薨去されない限り天皇となることが確定する立場であるという違いがあり、ここに区別の意味があると言えるのである。

分かりやすい例を言うと、天皇が未婚の場合や結婚されても男の子がいない場合に、天皇に弟がいる場合、その弟は、その時点では皇位継承順位第一位の男子皇族ということになるので皇嗣になるが、天皇の子ではないので皇太子にはならないことになる。そしてこの皇嗣は、その後天皇が結婚され男の子がお生まれになった場合、皇位継承順位第一位から第二位になるので皇嗣ではなくなり、その点で次の天皇であることが確定している皇太子とは異なる立場、身分ということになる。

昭和時代の例であるが、昭和天皇の弟君であった秩父宮殿下は昭和元年（一九二六）から昭和八年（一九三三）まで（昭和天皇の長男として現在の上皇陛下がご誕生になる昭和八年まで）の間、皇位継承順位第一位の男子皇族ということで皇嗣ではあったが皇太子ではなく（皇太子は不在）、昭和八年ご誕生の上皇陛下が昭和天皇の子であり皇位継承順位第一位の男子皇族として皇太子となったわけである。このように皇太子でない皇嗣と皇太子とは明らかな違いがあるところである。

†「特例法」が定める皇嗣は、皇太子同様になる

以上のような特別な立場にある皇太子と皇太子ではない皇嗣との間には、現行制度では大きな相違があるが、ただ平成二十九年（二〇一七）六月に成立した天皇の退位等に関する皇室典範特例法第五条は皇嗣について特別な規定を置いている。すなわち、第五条でこの特例法による皇位の継承に伴い皇嗣となった皇族に関しては、皇室典範に定める事項については、皇太子の例によるものとすることが定められているのである。

つまり平成から令和へのお代替わりで皇嗣となられた秋篠宮殿下は、皇室典範に定める事項については、天皇の弟であるにもかかわらず、いわば皇太子同様の皇嗣となるということが、この特例法で定められたということである。

この背景には、お代替わり後、新天皇には男の子（親王）がいらっしゃらず皇太子が不在となり次の天皇となる方が確定しないという状況となることがあったと考えられる。そしてこうした状況への対応として、お代替わり後に皇嗣のお立場になる秋篠宮殿下を、皇太子同様、次代の天皇として皇籍離脱ができないお立場とし、また秋篠宮殿下には皇太子に相当するご活動を期待し、それを支える体制を整える必要があったのではないかと考え

られる。

こうした特別の皇嗣、皇太子同様の皇嗣と国民との関係をどのように考えればよいのか。言い換えると、この特別な皇嗣の皇嗣像とはどのようなものになるのか、ということが平成から令和へのお代替わり後の課題の一つであると私は考えている。

皇太子同様の皇嗣がどういうことなのか分かりにくいのは、次のような要因があると考えられる。すなわち秋篠宮殿下がお代替わり後も秋篠宮という宮号をお持ちになり、これまでの宮家皇族という面を継続されお務めをなさるとともに、他方で従来の皇太子殿下がなさっていたお務めもなさり、また立太子の礼（皇太子であることを公に告げられる儀式）に相当する立皇嗣の礼が令和二年（二〇二〇）には国事行為として行われるなど、皇太子同様の皇嗣として特別なお立場の皇族という面をお持ちになることがあると考えられる。

国民は、秋篠宮殿下に対して実質上皇太子であるとして受け止めそのお立場に期待を寄せて行くことができれば大きな混乱はないと思うが、実際にこの特別な皇嗣である秋篠宮殿下がどのような皇嗣像を描かれることになるか、これまでの皇太子とどこが共通し、どういう点が異なるのか、これもまた新たな時代の皇室のお姿として注目していきたいと考えている。

5 后妃《こうひ》とはどのような地位で、どのような役割があるのか

†后妃の制度――后と妃の区別

現行皇室制度において、天皇の配偶者は「后《きさき》」の文字を用いて皇后・皇太后・太皇太后と称されている。皇后は当代の天皇の配偶者であり、皇太后は崩御された先代の天皇の配偶者、太皇太后は崩御された先々代以前の天皇の配偶者であると現行制度では解されている。

また皇室典範特例法により退位され上皇となられた方の配偶者（前皇后）も同じく「后」を用いて上皇后と称されている。

他方、皇太子・皇太孫・親王・王といった男性皇族の配偶者は「妃」の文字を用いて皇太子妃・皇太孫妃・親王妃・王妃と称され、また皇室典範特例法施行に伴い皇嗣となった親王（秋篠宮皇嗣殿下）の配偶者についても皇嗣妃（秋篠宮皇嗣妃殿下）と称されている。

以上のように后と妃はその配偶者の身分によって区別されるが、制度上あるいは実際上の主な違いは次の通りである。

・后には摂政就任資格があるが、妃にはない。（皇室典範第十七条）
・后の敬称は陛下であり、妃の敬称は殿下である。（同第二十三条）
・后を葬る所を陵とし、妃を葬る所を墓とする。（同第二十七条）
・后の離婚は制度上想定されていない（実際上は可能と解されている）が、妃の離婚は制度上想定されている。（同第十四条）

†制度の歴史上最も難しいと言える役割

后妃という配偶者としての女性皇族の役割についても、象徴制度との関係における役割と世襲制度との関係における役割があるが、現行制度のもとでこの双方の面からの役割が大変重くなっている。

皇室の長い歴史の中で、いつの時代にもそれぞれ困難なときがあったと考えるが、それでも象徴天皇制度における后妃はこれまでにない厳しい状況に制度上置かれているのではないかと私は考えている。

この点について以下、①象徴制度の維持のための役割、②世襲制度の維持のための役割の二つの観点から述べたい。

†象徴制度における重要な役割

象徴の地位にあるのは天皇お一方であるが、その配偶者である皇后には象徴である天皇を公私にわたりお支えする役割が期待され、さらに女性皇族としての単独での公的な役割も象徴に連なる皇族として一身で担うことが期待されている。また女性皇族の最上位にある方として皇室内の様々な事柄について相談を受けられ、あるいはとりまとめをされるお立場でもあると考えられる。

また、そのほかの配偶者としての女性皇族もお立場の違いによる大きな差はあるがそれぞれのお立場に対して国民から期待が寄せられている。

現行の象徴天皇制度に至るまでの皇室の歴史を振り返ると、前近代においては現在の象徴制度下での役割に相当する幅広い役割を天皇の配偶者に制度上期待されていたとは考え難いが、皇室の伝統として社会事業や皇室文化に関わるご活動をなさる例が見られた。また象徴制度には反するが政治的に重要な役割を持つ例もあり、古代の皇后の中には、敏達《びだつ》天皇の皇后が即位し推古天皇となり、舒明天皇の皇后が即位し皇極天皇となるなど皇后から女性天皇として即位した例もあった。また天武天皇の皇后鸕野讃良《うののさらら》皇女（後の持統天皇）や聖武天皇の皇后藤原安宿媛《ふじわらのあすかべひめ》など政治的に重要な地位にあった例も少なからずあり皇室を政治的に支える力を持っていた例も見られた。

皇后の役割に新たな面が加わったのが明治時代であった。明治以降の皇后・皇太后は政治に直接携わることはないが、外国交際の役割が新たに加わり、また宮廷内のみならず社会事業、福祉・医療、女子教育、各種産業などの分野での奨励・振興、さらには災害時のご対応など社会に向けての役割を、伝統を大切にされつつ時代の変化に応じて積極的に果たされるようになった。

こうした歴史を経た象徴天皇制度の下での皇后の役割は一層幅広いものがあるが、象徴制度の観点からその役割を要約して示すと次のようになる。

(ア)天皇を公的側面で支える役割

これには、天皇の象徴としてのお務め(国事行為、宮中行事、行幸、外国交際、伝統文化の継承など)に当たり天皇をお支えになるお立場から天皇にお供されるなどご一緒になさる場合と、象徴のお務めを補うためのご活動を単独で行われる場合(日本赤十字社関係など)とがあり、天皇の象徴像や象徴としての役割に広がりをもたらす意義を果たしていると言えよう。

(イ)天皇を私的側面で支える役割

天皇のご家族の一員としての役割である。この役割は、私的側面としての位置づけであるが、実際は皇室はご家族自体が公的存在であり、しかも象徴（＝天皇）を中心とするご家族として国民の理想の家族であってほしいという期待を担うご家族の一員としての役割であることから、その意味では公的な意味が大きい役割であるといえる。

（ウ）皇后個人のご活動を通じた役割

皇后個人のご関心によるご活動を通じての役割もある。例えば、学問・芸術やスポーツなどに関わるご活動などを通じて果たされる役割が、これに該当すると考えられる。

これらのご活動は、本来は個人のお立場でのご活動であるが、国民の目に触れる機会がある場合、それにより結果として国民の象徴像形成に影響が及ぶこととなり、その意味で公的な意味を持たざるを得ないご活動として、皇后にとっての一つの役割という性格をも併せ持つといえよう。

皇后あるいはこれに準ずる女性皇族方は、この（ア）～（ウ）の役割を国民から期待されるお立場にあるが、こうした現行制度下での役割は、明治憲法下では天皇の国家的役割が明確でありそれに応じて天皇を支える仕組みができていたこと、天皇と皇后との役割の分担がなされていたこと、また皇后を支える職が独立していたことなどに比べても、はるかに大変であることは想像に難くない。

また、時代の要請による役割の変化にどのように具体的な形で応えていくかなどの課題もあり、さらに様々なメディアが発達し影響力を持つ中で、実際のご活動に当たっては、第三者には想像もつかないほどの大変な努力を要するものではないかと考えられる。

†世襲制度の維持とお一方の配偶

皇室制度の歴史を振り返ると古代、令制以前から天皇の配偶は複数見られたが、大宝令の制定（八世紀初め）により配偶についても制度化されるに至った。この令制では、天皇の嫡妻《ちゃくさい》を皇后とし、これとは別に後宮として妃（二名）、夫人（三名）、嬪《ひん》（四名）を置くことと定められていた。その後時代の推移により妃、夫人、嬪に代わり中宮《ちゅうぐう》、女御《にょうご》、更衣《こうい》、典侍《てんじ》、掌侍《しょうじ》などと称される天皇の配偶の立場にある女性の存在が見られた。

これらは全てが同時代にあったわけではなく、また時代によりその内容や身分が変化している例もある（また、この立場にあった方のすべてが天皇の配偶とは限らない。配偶関係のない皇后という例もかつてはあった）が、いずれにしても世襲制度維持という観点からもその役割は皇后以外の方も担うこととされた歴史が長く続いていたと言える。

歴史上、配偶者が二十方を超える天皇の例としては、桓武天皇、嵯峨天皇、清和天皇、亀山天皇、後醍醐天皇などがおり（十方以上の配偶者を持つ天皇も多い）、また皇子・皇女の数が四十方を超える天皇としては嵯峨天皇、光孝天皇の例があり、三十方以上の天皇も桓武天皇、文徳天皇、亀山天皇、後水尾天皇など数方いらした。ただ、皇子・皇女のない天皇（夭折した天皇もいらっしゃる）や皇子・皇女の数が一桁の天皇も歴代天皇の半数を超えており、必ずしも天皇は子が多いということではない。

明治維新後、皇室の諸制度が整備され後宮制度も改められ天皇の制度上の配偶者は皇后のみとなったが、明治皇室典範は非嫡出子も皇族とされており、明治天皇までは非嫡出子が存在していた。その後、大正天皇と昭和天皇は明治憲法下の時代でも側室を置かれず、昭和二十二年（一九四七）制定の現行皇室典範では、制度上も非嫡出子は皇族とされないことと定め現在に至っている。

このように歴史を振り返ると、非嫡出子に皇位継承資格を認めない現行制度の下で世襲制度維持の役割はいわばお一方の配偶者に期待されることになり、この点において后妃は大変重い責任を担われる制度となっていると言えよう。

さらに現行制度の下では、母親としての私的な役割も配偶者が担われており、皇子女を育てる役割を皇后以外の者も担う仕組みであった明治憲法時代に比べ、世襲制維持の観点からもその役割は一層重くなっていると考えられる。

†后妃の確保

以上のような困難な役割を担われる地位にある后妃については、現在の皇室の構成を考えると今後も一般国民から皇室にお入りになることが想定されるが、そうしたお立場の方は一般国民と皇室をつなぐ役割も果たされることになり、一般国民からの大きな期待を受けて皇室にお入りになることであろう。

このような大変な役割を担われる方を一般国民の中から皇室に迎えることは、これまでの経緯から見ても大変困難を伴うことと思われ、今後こうした役割を引き受けられる方を確保することはますます難しくなるのではないかと懸念している。

国民も天皇や男性皇族の配偶者の役割をよく理解し、そのお務めを果たしていただくことに感謝の念をいだきつつ受け入れていくことが制度の維持にとって大切なことではないかと考えているところである。

6　皇族が国民になるとき、国民が皇族になるとき

†皇籍離脱

皇族がその身分を離れる場合として、現行制度の概要を列挙してみると、

①十五歳以上の内親王・王・女王が本人の意思で離脱する場合（皇室典範第十一条第一項）
②親王（皇太子・皇太孫を除く）・内親王・王・女王がやむを得ない特別の事由で離脱する場合（同第十一条第二項）
③皇族女子が天皇及び皇族以外の者と婚姻した場合（同第十二条）
④親王または王の皇籍離脱に伴いその妃などが離脱する場合（同第十三条）
⑤皇族以外の女子で親王妃・王妃となった者が夫を失った場合に本人の意思で離脱する場合またはやむを得ない特別の事由で離脱する場合（同第十四条第一項・第二項）
⑥皇族以外の女子で親王妃・王妃となった者が離婚した場合（同第十四条第三項）

が定められている。また、これらのうち皇室会議による手続を要する場合として、①②の場合、あるいは⑤の場合でやむを得ない特別の事由がある場合などがある。

†現行皇室典範における皇籍離脱

現行の皇室典範は、前記のように、皇族は、本人の意思に基づく場合、やむを得ない特別の事由がある場合、女性皇族の婚姻による場合、などに皇族の身分を離れる制度を定めている。この皇籍離脱制度と明治皇室典範下の臣籍降下との大きな違いは、親王（皇太子・皇太孫を除く）も皇籍離脱が可能になったことと、華族制度が廃止されたため、皇族の皇籍離脱後の身分は国民一般と制度上の違いがなくなったことであった。

この新制度のもとで皇籍離脱があったのは、女性皇族の婚姻の場合を除けば、現在までのところ昭和二十二年（一九四七）十月十四日の皇籍離脱のみであり、これにより十一の宮家の方（五十一方。内訳は、男性二十六方、女性二十五方）が皇族の身分を離れることになった。この時皇室を離れた方々が、現在一般に旧皇族といわれている方々である。

この旧皇族といわれる方々は（皇女または婚姻により妃となられた方を除き）、全て室町時代から続く伏見宮系統の方々であり他の世襲親王家の系統の宮家はこの時点までに全て絶えていたことから、この皇籍離脱の後は、皇室を構成する方々は大正天皇の男系のご子孫とその配偶者のみとなり、現在に至っている。

†一般国民が皇族の身分を取得する場合

皇族の身分を取得する場合としては、天皇または皇族の嫡出の子として生まれる場合と、天皇または男性皇族との婚姻による場合とがある（皇室典範第五条・第六条・第十五条）。また現行制度では、天皇及び皇族は養子をとることができない（同第九条）と定められており、皇族の身分を取得する場合は、ご誕生と婚姻のみとなっている。

こうした制度の下で一般国民が皇族となる場合は、天皇または皇族男子と婚姻する場合に限られるので、一般国民の男性が皇族となることは制度上あり得ないことになっている。なお、前近代では皇族でない者が皇族と婚姻されても皇族となることはなく（皇族以外の女性が男性天皇または男性皇族の配偶者となり后や妃などとなっても皇族の身分を得ることはなかった）、天皇または男性皇族の子として誕生する場合以外は男女を問わず皇族の身分を得ることはなかった。

7　皇室の規模――皇族の意義にふさわしい規模とは

†永世皇族制と皇室の規模

現行制度では皇族の範囲を世数で限定せず、その意味で永世皇族制であるといえるが、皇室の規模は皇室会議の運用により調整が可能な仕組みとなっている（皇室典範第十一条）。現行憲法の下で、昭和二十二年（一九四七）に十一宮家の皇族方が皇籍を離脱されたが、以後昭和四十年（一九六五）までは皇室では順調に男性皇族がご誕生になり、その後も皇族数が多くなりすぎるのではないか、どのように適切な規模に調整するのか、といった議論も一時期にはあったほどであった。

そうした状況であったのにもかかわらず、昭和四十年に文仁親王殿下がご誕生になって以来平成十八年（二〇〇六）の悠仁親王殿下ご誕生まで男性皇族のご誕生がなく、現在ではどのようにして皇位継承資格者を確保するか、将来の天皇をお支えする皇族をどのように確保するかということが大きな課題になっている。

皇室の規模については、皇位継承資格者の確保、皇室のご活動の継続、皇室の一体性の維持、皇室経済への影響（国民の負担への配慮）など様々な観点から適切な規模を考えることが求められるが、現時点（令和元年〈二〇一九〉）は皇位継承資格者の確保という観点を最重要視して考えなければならない状況である。

皇室の規模について制度的な対応を考えるにあたっては、基本的な制度の大枠を定めておき、実際にどのような規模になるのかは、皇室の方々のお考えにより自然と決まるということが望ましいと考える。現在置かれた状況の中で、象徴制度及び世襲制度の双方の意義からふさわしい規模の問題についてどのように考えることができるか述べることとする。

†ご活動を無理なく分担するには

象徴制度の観点からは、天皇のご活動を分担するにふさわしい規模如何ということになる。

皇室のご活動に寄せる国民の期待は幅広く、また憧れの対象として皇室には相当水準の高い内容を国民は希望しているのではないかと考えられる。

ただ、こうしたご活動に対する国民の期待に対して、皇室は基本的にはその時々の皇室の規模と構成を前提に応えていくということしかできないのではないかと私は考えている。理想を言えば、皇族の男性女性の比率や年齢構成がバランスよいという前提で、現憲法下の昭和時代や平成時代のように二十方前後の皇族がいらっしゃれば――当時も皇室の方々には様々なご負担があったことと拝察しつつも――、そうした規模であれば国民の期待にお応えいただくご活動をなさっていただくことが可能ではないかと考えている。

他方で皇室の一体性という観点からは、直系を中心にもう少し小規模でも良いのではという見方もあると思うが、これまでの皇室の構成からは上記のような規模が一つの目安として考えられよう。

現在皇室を構成される方々は天皇陛下及び上皇陛下を含めて十八方《かた》いらっしゃるが、二十代・三十代・四十代の男性皇族がご不在というバランスが良くない構成となっている。こうした構成のもとでは国民の気持ちに添ったご活動は自ずと特定の方々に集中し、大変大きなご負担となっていることが容易に想像されるであろう。

このままではどこかでご負担が限界を超えてしまうのではないかとの不安すら感じてい

るが、こうした中でどういう対応が考えられるのか。これは次の世襲制度の観点とあわせて考えるべきであるとともに、根本的な問題としてある皇位継承制度の在り方と密接に関連することであるので、この点については終章で考えることとする。

†世襲制度を維持するための観点

世襲制度の維持の観点からは、将来に続く皇位継承資格者が少なくとも三ないし四系統いらっしゃらないと不安ではないかと考えている。

実際には大正天皇に男子が四方おられ、また上皇陛下と同世代（大正天皇の孫の世代）の男性が皇室に五方（上皇陛下、常陸宮殿下、寛仁親王殿下、桂宮殿下、高円宮殿下）おられたにもかかわらず、現在のような状況になっていることを考えれば五系統でも不安ではないかとの意見もあるかと思う。しかし、皇室の一体性や皇室経済との関係を考えれば、一つの望ましい数として四系統前後を確保できる状態が安定して続くような在り方を一つのモデルとして、それをどうすれば確保できるかということを考えていくことがまず重要ではないかと考えている。

†皇室の規模を調整する制度的対応方法

従来、皇室の規模に関しては、適切な規模に比べて大きくなること、あるいは小さくなることをどのような制度的対応で防ぐか、ということが課題であり、①皇族を世数により限定する方法と、②永世皇族制の下で運用により対応する方法との二つの対応がなされてきた。

①の方法は世数により皇族の範囲を限定し、一定の世数より天皇からの血縁が遠い方は、皇族としない（あるいは、例えば成年に達した場合など一定の基準により皇族の身分を離れることとする）とする制度である。これにより皇室の規模が適切な規模以上になることを避けようとするものであるが、ご兄弟が多い系統の場合、次男以下の系統についてどのように対応するかなど、さらに制度を考えることが求められよう（この場合制度の立て方によっては天皇の直系の次男の系統よりも傍系の長男の系統の方が皇室に残る可能性が高くなるという問題もある）。またこの制度では、皇族数が減少する場合の対応がむずかしいという問題もある。

他の一つの考え方が、②の永世皇族制の下で運用により対応する方法である。現行制度がこれであり、皇籍離脱の可否について、皇族の意思を前提としつつ、場合によっては皇族の意思に反する判断を皇室会議が行うことができる仕組みとなっている。皇室の規模が増大する見通しの場合、本人の意に反しても皇室会議は皇籍を離脱すべきという判断が可能であるし、皇室の規模が縮小する見通しの場合、本人の意に反しても皇籍の離脱を認めないという判断もできるのである。

実際にそう簡単にできるのか、また公平な判断を確保できるのか、など現実に運用するとなると慎重な配慮や工夫が必要であると考えるが、こちらの方がその時々の実情に応じて臨機応変な対応が可能であり、今後もこちらの対応で考えることが望ましいと言えよう。

第四章

皇位はどのように継承されるのか

1　皇位継承制度を考える際に忘れてはならない点

†人に着目せず、制度についての議論をすべき

今上陛下及び秋篠宮皇嗣殿下の次の世代の皇位継承資格者が悠仁親王殿下お一方《ひとかた》という状態が続いている。そうした中、令和の時代を迎え皇位継承制度の議論が高まりつつある。皇室典範特例法の附帯決議が、政府に対して、安定的な皇位継承を確保するための方策をお代替わり後速やかに検討するよう、求めているのである。

適時適切な議論は必要であるが気に掛かることが一つある。それは制度についての議論を行うべきであるにもかかわらず、一部のメディアなどでは次代の天皇は愛子内親王殿下か秋篠宮殿下かあるいは悠仁親王殿下かといった具体的な皇族のお名前を挙げて議論の方向を示している点である。

皇室制度の特徴としてその担い手でいらっしゃる皇室の方々の役割が大変大きいことはこれまで述べたとおりである。皇室の方々の個々のご活動や在り方が皇室制度に対する国民の見方に大きな影響を与えるのもこの制度の特徴の一つである。

ただ、だからといって制度を検討する場合に現にいらっしゃる皇族方のどなたに皇位を継承いただくかと検討するのは危ういことであると私は考えている。制度を検討する際、とりわけ皇位継承制度を検討する際に、皇室の具体的な状況を念頭に置いて議論することが避けがたいという一面があるからこそ、一旦現状と距離を置いて、本来望ましい制度の在り方を考えることが必要であると考えている。

皇位継承制度は、本来、正統な継承者であればどのような方がその地位に即《つ》かれてもおおよそ円滑に運用されることとなる制度であることが望ましいのであり、具体的な人に対する評価や判断によって制度の在り方を決めることは、安定した制度を構築することにならないと考えるからである。

†皇位継承資格と皇位継承順序を区別して議論をすべき

さらに愛子内親王殿下か秋篠宮殿下かあるいは悠仁親王殿下かという具体名を挙げての議論で気になる点をつけ加えると、こうした議論の在り方は、皇位継承資格の問題と皇位継承順序の問題とが混在するおそれがあるという点である。

皇位継承制度は、本章で説明するように皇位継承資格の制度、皇位継承順序の制度、皇位継承原因の制度から構成され、それぞれ密接に関連しているが、制度について議論する場合には一旦は切り離してそれぞれの制度の背景や趣旨目的に沿った議論を行うことが望ましい。その上で最終的に必要があれば制度の適用時期や適用ご対象などについて調整を行えばよいと私は考えている。

すなわち皇位継承資格を新たに男系女子まで広げることの是非の議論と、仮に皇位継承資格を拡大した場合、皇位継承順序を直系の男系長子優先とすべきか、直系・傍系を問わず男系男子優先とすべきかの議論とは一旦は分けて行わないと、優先すべき価値や尊重すべき原則が異なる継承資格と継承順序という二つの制度を同時に議論することになり、議論がまとまらなくなるおそれがある。

それでは、どう議論を進めるべきかということになるが、現在の状況を前提に考えると私は次の二つの進め方があると考えている。

〔議論の進め方1〕

①まず、新たな皇位継承資格者を確保するために皇位継承資格をどのように広げるかを検討する。

②次に、従来の継承資格者に新たな継承資格者を加えた新制度のもとでの継承資格者について皇位継承順序をどのように決めるのかを検討する。この場合にはまずは具体的な継

承資格者を考慮せずに、制度として適切な順序の在り方を検討し制度を定め、その制度を具体的な継承資格者に適用することとする。

〔議論の進め方2〕

①まず、現行制度上の皇位継承資格者を優先し当該皇族の皇位継承順序については制度改正後も変更しない旨確認する。これは現行制度の下での皇室と国民との関係が安定していること（すなわち秋篠宮皇嗣殿下が次の天皇であると国民の多くが受け止めていること）を前提にその安定を維持することを目的とするものであり、政策的な判断である。

②次に新たな皇位継承資格者を確保するために皇位継承資格をどのように広げるかを検討する。検討に当たっては継承順序の在り方とは切り離し、在るべき皇位継承資格制度を検討する。

③現行制度上の皇位継承資格者より後の順位となる新たな皇位継承資格者の順序の在り方を検討し制度を定め、その制度を具体的な継承資格者に適用することとする。

もちろん実際の議論においては、皇位継承資格の拡大方法と皇位継承順序の付け方のバランスをとることによって様々な立場からの議論を収拾しようという政治的判断もあるかもしれない。この二つの進め方の例も含め検討をどのように進めるのか、制度運用の責任者である政府や制度決定の責任者である国民（国会）の判断によることになる。

ただ、いずれにしても皇位継承資格のあるべき形と皇位継承順序のあるべき形について、それぞれの制度の基本的な意義を損なうことのないよう検討が進められることを望んでいる。

そこで本章では今後の皇位継承制度の在り方を考えるための前提として、まず現行の皇位継承制度を理解していただきたく、皇室典範第一条から第四条にそって皇位継承資格、皇位継承順序、皇位継承原因の順に制度の概要を説明することとする。

2　皇位継承資格とは

†皇統に属する男系男子の皇族が皇位を継承

現行皇位継承制度は皇位継承資格を皇統に属する男系男子の皇族に限定している（皇室典範第一条、第二条）。皇位継承資格については、明治二十二年（一八八九）に大日本帝国憲法（第二条）及び皇室典範（第一条）が男系男子と定めるまで明文の規定はなかったが、この明治に創設された制度の背景には皇位継承の古代から近世に至るまでの長い男系継承の歴史があった。

ただ、皇位継承資格に関しては明治時代の皇室典範制定(明治二十二年制定)に至る過程でも、また現行皇室典範制定時(昭和二十二年〈一九四七〉制定)においても様々な議論がありまた検討がなされていた。

明治典範、現行典範のいずれの制定の際にも女性天皇・女系天皇の可否が議論になり、その際、①国民意識・社会慣習との関係、②歴史・伝統との関係、③天皇の権能、④皇位の安定性、⑤当事者(女性天皇)への配慮、⑥宗教との関係、⑦外国の例など、政治、社会、歴史、文化、宗教をはじめ多くの観点から議論がなされたが、議論の結果、皇室の歴史を背景として皇位継承資格は男系男子に限定され現在に至っている。

†男系・女系の意味について

皇位継承制度において男系は重要な意味を持つが、ここで男系と女系についてその皇位継承制度上の意味を確認しておきたい。

男系は「家系において、男子の方のみを通してみる血縁の系統的関係。すなわち、血縁系の間に女子が入らない者相互の関係」(法令用語研究会編『有斐閣法律用語辞典[第4

版」』）と説明されている。この説明をもとに皇位継承制度について考えると男系であるということは、歴史上存在したいずれかの男性天皇と男性のみで血縁がつながる血統であるということになる（あるいは、初代の神武天皇と男性のみで血縁がつながる血統と解する考え方もある）。

一方、女系は「厳密には、女子だけを通じた血族関係をいうが、広く、中間に一人でも女子の入った、男系でない血族関係を指して用いられることもある。」（前掲同辞典）と説明されている。皇位継承制度についての議論の際には、女系とは「中間に一人でも女子の入った、男系でない血族関係」のことであり非男系の意味で用いられている。

左記の系図例〔図1〕でいうと、男子Ⅰは天皇との間に女子Hがいるので、女系男子であり男系男子ではない（厳密に言えば、女子Hの配偶者が皇族男子でない場合に、男子Ⅰは女系男子となる。〔注1〕参照）。また、女子Dは天皇との間を繋ぐのは男子A、男子Bといずれも男性（男系男子）であるので男系である女子、すなわち男系女子となる。歴史上存在した女性天皇は、すべてこの意味での男系女子である。

〔注1〕女子Hの配偶者が皇族男子であった場合、男子Ⅰは女子Hの子という意味では女系男子となるが、配偶者の皇族男子が天皇に男系でつながる男子であることから、男子Ⅰはその男系男子である父の子であり、男系男子でもあることになる。同様に女子Lは父親が男系

男子でありその子であるので男系女子でもあることになる。

†皇統とは何か

皇室典範第一条は「皇位は、皇統に属する男系の男子が、これを継承する」と定めている。同条の「皇統に属する」という言葉は憲法第二条の世襲の趣旨及び内容を表したものと解され、また「皇統」は天皇の血統という意味であり天皇からつながる血統のことであ

〔図1〕男系・女系

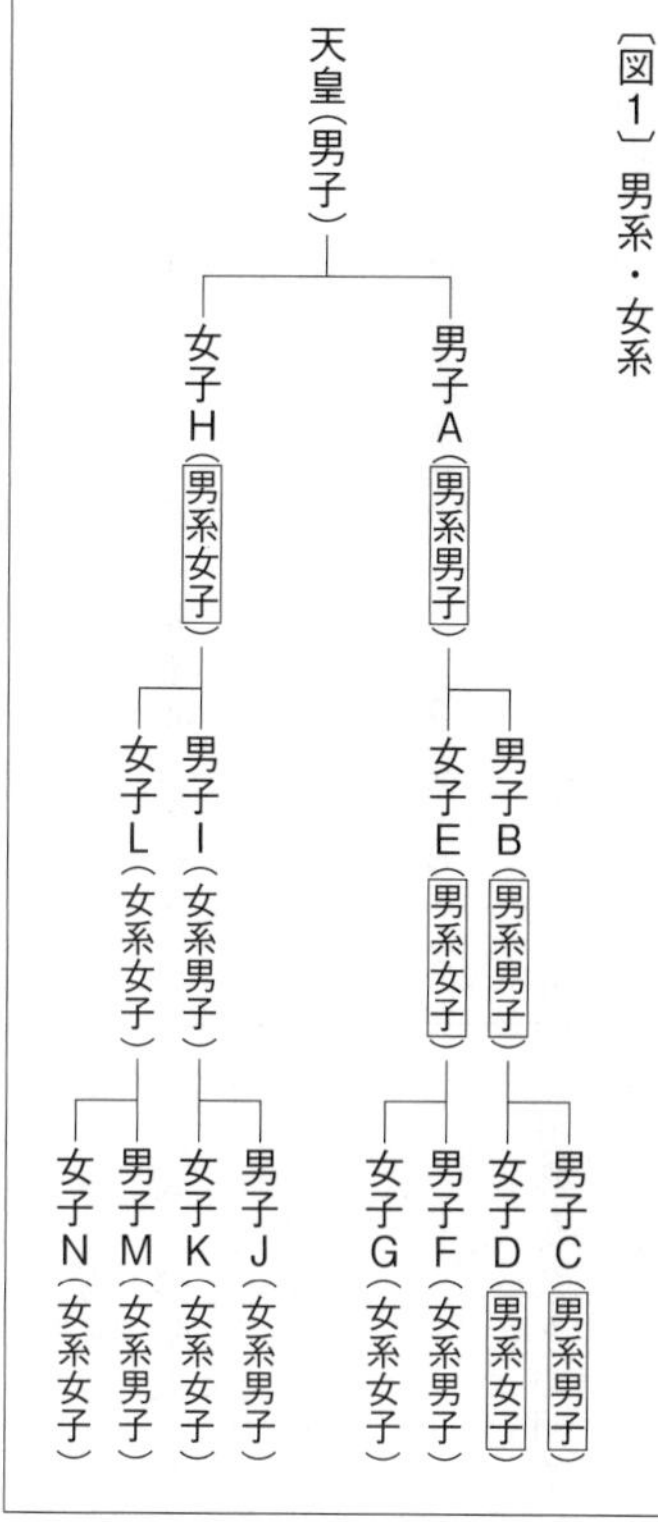

るとされている。

皇統と男系女系の関係については、皇統は男系女系の両方を含むとの解釈が一般的であるが、小嶋和司氏（憲法学。元東北大学教授）のように天皇の歴史上の血統が男系によって成立してきたことに着目して、皇統とは天皇の男系の血統のことであると解する立場もある（この立場の場合、皇室典範第一条の「男系の」という限定は注意的訓示となる）。

†憲法第二条の世襲は男系継承のみか、女系継承も含むのか

皇統と男系女系の関係同様、憲法第二条の世襲と男系女系との関係も議論となる。

この点については、皇位継承資格を男系男子に限るか否かについては憲法で定めずに、法律である皇室典範に委ねたものと解するのが学説の多数説となっている。また政府も同様に解している（平成十八年〈二〇〇六〉一月二十七日衆議院・予算委員会、内閣官房長官答弁。平成二十四年〈二〇一二〉二月十三日衆議院・予算委員会、内閣法制局長官答弁）。

こうした解釈に対して、皇位の世襲制を定めた憲法第二条は皇位継承の歴史を背景とした規定であると考え、そこで定める「世襲」は女系を含まず憲法は皇位継承資格を男系男子に限っているという説もある（小嶋和司「『女帝』論議」等）。

憲法第二条が皇位を世襲と定めていることの背景にわが国の歴史及び伝統があること、

また歴史的に見て皇位が男系により継承されてきたということは私もその通りと考える。ただ第二条の解釈としては、旧憲法第二条は「皇位は皇室典範の定むる所に依り皇男子孫之を継承す」と定め、宮務法（〔注2〕を参照）の根本法である皇室典範を根拠に国務法（同〔注2〕）の根本法である憲法も男子による皇位継承を規定していたのに対し、一方現行憲法第二条は男系男子による継承を定めず皇室典範に委ねていることから、現行憲法は皇位継承資格を男系男子に限定せず皇室典範第一条によって男系男子に限られたものと理解する方が、一般的であると思う。

　憲法制定時の帝国議会における新旧憲法の第二条の規定に関する金森徳次郎国務大臣の答弁が参考になる。同大臣は「男系の男子と云ふことは第二条には限定してありませぬ、其の趣旨は根本に於て異なるものありとは考へませぬけれども、併《しか》し時代々々の研究に応じて或は部分的に異なり得る場面があつても宜いと申しますか、さう云ふ余地があり得ると云ふ訳で斯様な言葉になつて居ります」「（其の時時の事情に応じて皇室典範で総て定めさせるという意味であるか、との問に対して）左様でございます」と答えており（昭和二十一年〈一九四六〉九月十日・貴族院・帝国憲法改正案特別委員会）、憲法第二条は世襲の在り方を男系男子に限定せず、男系男子による皇位継承の在り方を将来皇室典範で改める余地があり得ると当時解していたものと考えられる。

〔注2〕明治憲法時代、我が国の法制は皇室典範に属する系統の宮務法と憲法に属する系統の国務法の二つの体系に分かれていた。

†皇族の身分にあること

皇室典範第二条は「皇位は、左の順序により、皇族に、これを伝える。」と定め皇位継承資格を持つのは皇族であることを定めている。この皇族については皇室典範第二章が定めており、皇室典範第五条が定める皇族のうち皇統に属する男系男子である親王及び王が皇位継承資格を持つこととなる（皇太子は同第五条に皇族として明記されていないが、天皇の長男であり一世親王としての身分を持つ皇族である）。

皇族でない者が皇位継承資格を持たないのは皇位が世襲のものであることから当然と考えられよう。また、天皇の血族であっても皇族の身分を離れた方やその子孫は皇位継承資格を持たない制度となっているが、これは皇位継承の歴史に沿った在り方であり、一般国民と皇室の方々との区別を明確にすべきとの理念が背景にあるものと考えられる。

3　皇位継承順序とは

†直系・長系・近親優先が基本となる

皇室典範第二条は、皇位継承順序は親から子への継承を原則とし、子の中では長子の系統を優先している（現行制度は皇位継承資格を男系男子に限っているので父親から長男への継承が基本となる）。すなわち、まず直系を傍系に優先し、次に年長者の系統を年少者の系統に優先し、さらに近親者を優先している。

なお、継承順序を図示すると左のようになる〔図2、○の中の数字は皇位継承順位〕。

現在の皇位継承順位は、第一位が秋篠宮皇嗣殿下（皇弟）、第二位が悠仁親王殿下（皇弟

〔図2〕皇位継承順序

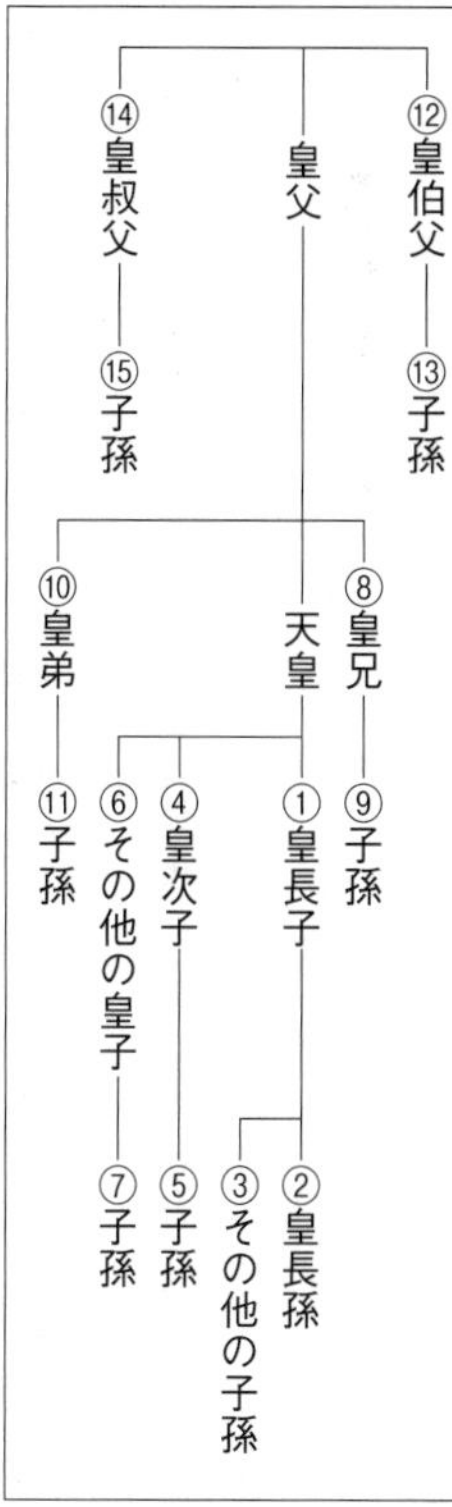

の長男）であり、第三位が常陸宮殿下（皇叔父）となり、皇位継承資格をお持ちなのはこの三方のみとなっている。

このような制度の背景には皇室の歴史と制度の在り方に対する考え方があるのでその概要を説明しておきたい。

†直系継承・傍系継承の歴史

現在の皇位継承制度は直系を傍系に優先する制度となっているが、歴史上、皇位継承は必ずしも直系継承による場合のみではなかった。

初代から現在の第百二十六代天皇までの百二十五の継承がどのようになされたのかを見ると、天皇の子・孫・親といった直系が継承した場合は七十例であり、それ以外の五五例は、天皇の兄・姉・弟あるいはさらに遠い血縁の皇族が継承している。

こうした傍系継承には、皇子が不在のために傍系に系統が移った場合のほか、政治的な背景がある場合（例えば、乙巳の変を契機とする皇極天皇から孝徳天皇への継承——譲位であったとされる。壬申の乱による弘文天皇から天武天皇への継承。仲麻呂の乱により淳仁天皇が廃位され称徳天皇が即位。承久の乱により仲恭天皇が退位し後堀河天皇が即位）や、天皇（あるいは上皇）の意向による場合（例えば、崇徳天皇から近衛天皇への継承における、鳥羽上皇の意向。後西天皇から霊元天皇への継承における、後水尾上皇の意向）があるなど、特段の事情によりなされている場合も少なからずある。

また、鎌倉時代に持明院統（後深草天皇の系統）と大覚寺統（亀山天皇の系統）における両統迭立《てつりつ》のように、それぞれの系統が自らの子への直系継承を希望するために二つの系統の間で傍系継承が繰り返された例もあった。

このように歴史上、直系継承以外の継承例も少なくないが、天智天皇が定めたとされる不改常典《あらたむまじきつねののり》等、理念としては直系継承を尊重するものが見られ、また政治的に安定している時期には直系継承が多いといった傾向が見られることから、本来の原則は直系による継承であると考えられている。

こうした歴史を経て皇位の直系継承を近代法における法制度として定めたのは明治皇室典範である。同典範制定時の『皇室典範義解』（伊藤博文著）は、皇位は直系に伝えることが祖宗以来の正しい法則であると説明している。

また、現行の皇室典範も明治皇室典範の直系優先原則を踏襲し現在に至っているところである。

†直系優先原則の皇室制度への影響

このように皇位が直系で継承されることを原則としていることから、他の皇室制度にも直系継承を想定していると考えられる制度や運用がある。

その一つが皇太子（または皇太孫）制度である。たとえ皇位継承順位が第一位の皇族（皇嗣）であっても、その時点での天皇の直系の子孫でない場合は皇太子とされず、他の内廷外皇族と費用の面でもお世話体制の面でも特段の区別はないとされている。例えば天皇の弟が皇嗣の場合、既に述べたように（一五一頁参照）昭和元年（一九二六）から昭和八年（一九三三）までの間、昭和天皇の弟の雍仁《やすひと》親王殿下（秩父宮）は皇嗣であったが皇太子ではなかった。ただし明治皇室典範下の時代、昭和天皇の弟にあたる秩父宮・高松宮・三笠宮の各殿下に対しては、大正天皇の子（直宮《じきみや》。一世親王）として他の宮とは費用やお世話の在り方に区別がなされていたという例もある。

このほかにも内廷皇族と内廷外皇族の区別がある。これは、天皇の子孫のうち長系の各世代の長男以外は婚姻等を契機にその立場が内廷皇族から内廷外の皇族となる仕組みである。これによって皇位を継承する可能性が小さくいずれお代替わりにより傍系となる次男以下の系統は婚姻等により内廷から離れ独立することとして、その処遇においても長男の系統とは区別を設ける制度という性格を持っている。

この処遇上の区別は皇室経済の面に現れている。現在、その時々の天皇の直系の子孫は、婚姻その他により独立の生計を営む（皇室経済法第六条）までの間は内廷にある皇族と位置づけられ（また皇太子妃など各世代の長男の配偶者も内廷皇族とされる）、日常の費用等は内廷費（同法第四条）として支出される。天皇の直系の子孫であっても、長男の系統以外は、独立の生計を営むことになった場合、内廷外の皇族（いわゆる宮家の皇族）として、品位保持の資に充てるために皇族費（同法第六条）が支出される制度となっている。

また内廷皇族と内廷外皇族との区別は、皇族方のお世話の体制の相違にも見られる。内廷にある方々については「侍従職」「上皇職」「東宮職」「皇太后宮職」といった「職」という名称の組織が事務を所掌するが、内廷外皇族については宮家ごとの小規模な組織などが事務を所掌するという違いがある（宮内庁法、宮内庁組織令参照）。

これらの例は、皇位が直系継承でなければならないことを示すものではないが、皇室制度が全体として直系継承を原則と位置づけて設けられていることを示しているものであると言えよう。

こうした原則に対して平成から令和へのお代替わりに伴い、皇室典範特例法で定められた例外が皇嗣である秋篠宮殿下の位置づけである。秋篠宮皇嗣殿下については実質的な皇太子としての位置づけをしつつ（皇室典範特例法第五条）、皇室経済の面からは皇太子とは異なり皇族費が支出されるが、ただしその額は定額の三倍となっている（同法附則第六条）。また秋篠宮家の皇族方は内廷外皇族であるがお世話を担当する組織は内廷皇族のように「職」の名を持つ「皇嗣職」となっている（同法附則第十一条）。

令和の時代の皇嗣がこのような皇太子的な面を持ちつつ宮家皇族としての面も併せ持つ位置づけとなっていることは、平成二年（一九九〇）のご結婚以来宮家皇族として長くそのお立場にあった秋篠宮家に対する現実的な対応として理解できるが、皇室制度が直系継承を原則としている中で今上陛下から次の天皇への皇位継承が傍系継承となることから、皇室制度全般から見ると例外的な形となっているところである。

†長子・長系優先の意義

皇位継承の歴史においては、嫡長子相続（中国の継嗣法を受けついだ嫡長子が相続する在り方）と選定相続（天皇の意思により定まる相続の在り方）の二つの原理があったといわれ、長子優先は皇位継承の原則の一つと見なされている。歴史上、直系継承のうち長子が継承したとされる例がどれくらいの数になるかについては、皇子の出生順序が明確でない場合があるほか、長子が早世している場合や兄弟間で母親が異なる場合（同母の中では長子が優先される例が多い）をどう考えるかという問題もあり確定が困難である。全般的な傾向として特段の事情（父親たる天皇の意思、母方の政治的影響などの事情）がない限り、長幼の序を尊重した継承が行われていたと言える。

ただ、一方で本項の初めにも触れたように選定相続も継承原理として存在し、同一血族内で徳を有する者が選ばれて皇位に即くべきという理念を背景に、天皇や上皇等の意思により皇位継承者が定められるという例も少なからずあった。二つの原理の存在が、皇統を分裂させ、さらには南北朝に分かれて対立するような事態につながる遠因ともなっていた。

明治時代に至り、皇位の継承はその時々の天皇の意思によらず法制度により定められることとなった。その際、長子相続の原理が尊重され制度として採用されることとなったが、その論拠として、『皇室典範義解』には「長幼序に従ふを以て、天位継承の正法とす」「長子の子孫は次子に先だつは宗統を重んずるなり」との説明がある。

また、現在の制度も長子及び長子の系統を優先する制度であり、これは歴史的背景にも沿うものである。利点としては皇位継承資格者の順位が早期に確定し（末子継承であれば確定まで時間がかかる）、国民が将来の天皇をその誕生と同時に見守ることができるという意義を有する制度となっていることがあげられる。

なお、徳治主義を背景とする選定相続の原理は現在制度となっていないが、将来皇位を継承する立場にある方のご教育の重要性は現在も唱えられており、そうした形で両原理の均衡が現在においても試みられていると見ることができる。

†継承順序は皇室会議により変更できる

皇室典範第三条は、皇位継承順序を変更することができることを定め、あわせて順序を変更する場合の条件及び手続を定めている。

皇位継承の順序は皇位の継承が恣意的になされないよう明確に定められているが、他方、皇位継承の順序は絶対に動かし得ないとすることも、皇位継承順序制度が皇嗣という象徴天皇の地位を継承する重要な立場を定める制度であることに鑑みれば、適当ではないと考えられる。

こうした皇位継承順序の在り方に対する二つの要請（①恣意性の排除、②皇位の重みの保持）を充たすべく、皇室典範第三条は定められている。すなわち皇位継承順序を変えることができる場合を限定し、かつ手続を明確にした上で、順序の変更ができることと定めたと考えられる。

また皇室典範第三条は皇位継承順序を変えることができる条件として、皇嗣に、①精神若しくは身体の不治の重患があり、または②重大な事故があるとき、と定めている。

この条件は、摂政設置の条件（皇室典範第十六条第二項。第一項は天皇が未成年の場合の摂政設置）すなわち①精神若しくは身体の重患があり、または②重大な事故があって、それにより国事行為をみずからすることができないとき、に比較して、さらに重い条件を定めているものと解される。

この順序変更の条件のうち、「精神若しくは身体の不治の重患」は客観的・専門的な判断が可能と考えられるが、「重大な事故」については現行皇室典範制定時の議論では、具体的なことは正確には予想できず、皇室会議の判断によるものとしつつ、皇嗣の時代に天皇の地位と調和しがたい道徳的な問題があった場合がこれに入りうるのではないかと政府は述べている。

なお、この「重大な事故」が自由に解釈され濫用されることは制度の趣旨に反するが、即位後に天皇としてふさわしい在り方が皇嗣に期待できないような場合、例えば自由を享受するために皇族の身分を離れる旨の意思を示しその意思を取り消す可能性がない場合、あるいは自らの思想や立場に鑑み即位する意思がない旨を公に宣言する場合なども重大な事故に当たるのではないかと私は考えている。

さらに皇室典範第三条は、皇位継承順序は、皇室会議のみが発議し決定することにより変えることができることを定めている。

これは、決定事項が極めて重要な事柄であること、変更の要否の論議が政争に巻き込まれてはならないこと、決定に至る論議の内容が個人(皇嗣)に関する情報を含む可能性があること、決定には国民の意思を反映し得る(皇室会議の議員に衆参議長副議長が含まれている。皇室典範第二十八条)ものであること等から、少人数であり、かつ国民の代表である国会議員を含む権威ある者から組織される皇室会議において、議論し決定すべきものと定めたと考えられる。

4 皇位継承原因を考える

†皇位継承原因はなぜ崩御のみなのか

皇室典範第四条は「天皇が崩じたときは、皇嗣が、直ちに即位する。」と定めており、皇位の継承は天皇が崩御した場合のみとしている。

皇室の歴史を遡ると第百二十四代昭和天皇までの百二十四方の天皇のうち崩御により次代へ継承された例は六十五例、譲位により継承された例は五十八例、その他一例(第八十一代安徳天皇が崩御される前に第八十二代後鳥羽天皇が皇位に即かれたが、安徳天皇は後鳥羽天皇に譲位されていない)となっている。譲位の例も多く見られ、奈良時代から江戸時代末までの間は譲位による皇位の継承の方が多くむしろ一般的であった（なお、北朝五代の天皇については全て譲位）。

こうした歴史がある一方、明治二十二年（一八八九）に定められた皇室典範では譲位は認めず崩御のみを皇位継承原因と定めることとなった。制定に至る議論の過程では井上毅のような譲位導入論もあったが、最終的には伊藤博文の意見により皇位継承原因は崩御のみとされた。伊藤博文が著わした『皇室典範義解』では、初代神武天皇から第三十四代舒《じょ》明《めい》天皇までは譲位の例がなかったこと、最初の譲位は皇極天皇が女性であり一時的な仮の地位であったためになされたものであること、譲位が強制され二つの系統が互いに即位する弊害があったことなどをあげ、古代の本来の原則にのっとり、その後にたびたび生じていた譲位の慣例を改めたと説明している。

また、現行皇室典範制定時にも退位導入に積極的な議論もあった（不治の重患の場合の退位、基本的人権の観点からの退位、道義的責任からの退位など）が、国民の信念・確信として天皇の退位を望んでいないことなどの理由から退位は導入されなかった。その後、政府は現行制度が退位を定めていない理由として、①上皇の存在による弊害のおそれがあること、②天皇に対して退位を強制する可能性があること、③天皇の恣意による退位は象徴という立場になじまないことをあげて説明してきたところであった。

†天皇の地位に即かれた方は終生皇位にあるべきか——特例としての退位

こうした経緯があり皇位継承原因が崩御に限定されていたところ、先代の天皇陛下（第百二十五代天皇）は、平成二十九年（二〇一七）六月九日に成立した天皇の退位等に関する皇室典範特例法により特例として平成三十一年（二〇一九）四月三十日限りで退位され、直ちに皇太子殿下（今上陛下）が第百二十六代天皇として令和元年（同）五月一日に即位されたことは記憶に新しいところである。

天皇がその地位から離れることについて「退位」と「譲位」という言葉がある。平成二十九年六月九日に成立した法律は「天皇の退位等に関する皇室典範特例法」となっているので先代の天皇陛下のご譲位は、法律上は退位ということになるが、私は退位ではなく譲位を用いることが歴史的にも天皇の意思との関係の観点からも本来はふさわしいと考えるので、特例法に関する説明を除き原則として本書では「譲位」を用いることとしている。

私は、かつて、崩御によって皇位が継承されるという在り方は、特定の人を象徴とする制度において、その方の生涯におけるその時々のお姿や様々な出来事、さらには終焉という事態と、国家の歴史や国家的行事、また国民それぞれの生きてきた時代とを重ね合わせることが可能となり、そうした在り方は象徴制度にとって大変意義深いものがあると考え、譲位について消極的な姿勢を自著で示していた。

ただその後、当時の天皇皇后両陛下（現在の上皇上皇后両陛下）が年齢を重ねられ、またご健康にも不安をお持ちでいらっしゃる中で全身全霊をもってお務めを果たしておられるお姿を、様々な機会に映像を通してであるが拝見し、また私自身皇室制度について議論する場に参加し皇室の様々なご活動について考える機会をいただいた。そうした中で、改めて人を象徴とする制度において、象徴のお務めの在り方と象徴の地位の在り方との関係や、象徴の地位に在る方の年齢や健康の問題について考えることの必要性に思いが及ぶようになり、天皇の意思を前提とした上で、譲位を可能にする方法も考えるべきではないかと考えるようになった。

平成二十八年（二〇一六）八月に象徴としてのお務めについての天皇陛下（当時）のおことばを拝聴する数年前から私の考えは変化し、講演などの機会に譲位についても考えてはどうかとの旨を述べてきたが、天皇陛下（当時）のおことばを拝聴したことで、象徴天皇制度が安定的に永く続くためには譲位制度が必要ではないかとの考えを一層強くしたところであった。

なお、従来政府があげている譲位を認めない理由（①上皇の存在による弊害のおそれ、②

強制退位の可能性、③恣意的退位は象徴になじまない）については、私はこうした懸念は、譲位の条件、手続きなど制度の組み立て方を工夫することで十分回避できると考えている。

皇位継承原因として現在は制度上崩御に限定されているが、特例として退位が導入され今後の先例となり得る状況になっており、今後譲位の制度化について議論が進むことを期待しているところである。

5　皇室制度の根本に係る課題

†次世代の皇位継承資格者はお一方のみ

皇室制度が今後も継続するための根幹をなす皇位継承制度が大きな危機に面している。これは何も近年始まったものではなく危機への対応を巡り既に様々な立場から多くの意見が出されている。ただ、なかなか議論は進んでいかない。

ここでは初めにどのような点で危機であるのかを確認し、その上で平成の時代にはどのような議論がなされたのかを振り返っておきたい。

まず現在の皇室の構成を前提に令和時代の始まりから十年後の令和十一年（二〇二九）

末の皇室の構成を想定してみよう。

前提として、現在の内親王殿下〔愛子内親王殿下、眞子内親王殿下、佳子内親王殿下の三方《さんかた》〕と、女王殿下〔彬子女王殿下、瑶子女王殿下、承子女王殿下の三方〕がご結婚により令和十一年までの間に皇籍を離脱される場合を想定する。

その場合令和十一年の年末時点で皇室にいらっしゃる七十歳以下の方は五方《ごかた》となる（括弧内の年齢は令和十一年末のもの。皇室の高齢化、つまり年齢においてお若い皇族が減少傾向にあることが読者に分かりやすく伝わるよう説明の便宜上七十歳以下の方々とした）。

すなわち、天皇陛下（六十九歳）、皇后陛下（六十六歳）、皇嗣殿下（六十四歳）、皇嗣妃殿下（六十三歳）、悠仁親王殿下（二十三歳）の五方となる。

同様の前提で二十年後（令和二十一年〈二〇三九〉末）の皇室の構成を想定するとその時点で七十歳以下の方は悠仁親王殿下（その時点で三十三歳）一方となり、七十歳以下の皇位継承資格者は悠仁親王殿下一方ということになる。

悠仁親王殿下がそれまでにご結婚になりお子様のご誕生があればその方々も皇室を構成する皇族となり（ただ令和二十一年末の時点ではお子さまは未成年）、男子のお子さまがご誕生であれば七十歳以下の皇位継承資格者は複数となる。

また、七十歳以下の成年皇族として様々なお務めを引き受けていただく方も悠仁親王殿下一方か、配偶者の親王妃殿下も加えた二方ということになる。もちろん八十五歳前後の年齢でも現在の上皇上皇后両陛下はお務めを果たしていらっしゃったので、ご無理いただくことは避けるべきであるが、この時点でも皇室のお務めを果たされる方が一方または二方になるということはないと思われる。

ただこのような皇室の構成が国民の期待に応える皇室の構成であるとは言えない。皇統の維持が悠仁親王殿下一方にかかっている。

将来の皇統維持に対する不安は悠仁親王殿下がご誕生になった平成十八年（二〇〇六）の時点でも既に予測され、現在の皇位継承制度が問題を含んでいることは多くの国民の共通の理解であったところである。にもかかわらず令和元年に至っても具体的な議論が進んでいない。終章で今後の議論の在り方を考える前に、ここでこのような状況に至った平成時代の議論、具体的には、愛子内親王殿下がご誕生になった平成十三年（二〇〇一）以降の皇位継承制度をめぐる議論の概要を確認しておきたい。

†平成時代後半の議論

平成時代の後半、思想や専門分野の異なる多くの論者が積極的に皇位継承制度のあるべき姿について考えを示してきた。それらをすべて読み理解することは到底不可能であるが、できる限り目を通し、皇室典範に関する有識者会議設置後に示された様々な見解の要約を試みてみた。諸見解は、特に論者を特定せず議論の系統ごとにその考えをまとめている。客観的な整理に努めたところであるが、専門的な議論もあり理解不足などがあればどうかお赦し願いたい。

(ア) 男系男子による皇位継承を維持すべきという考え方

①男系のみが天皇という考え方

・基本的考え方：歴史に則り、男系継承が皇位の根本原理であり男系のみが皇統であるという考え方。女系は天皇ではなく女系継承は天皇制度の廃止を意味するという考え方。

・対応案：男系による皇統を維持するため、旧皇族の男系男子子孫を皇族とするなどの方法で対応すべき。

②男系を尊重すべきであるが万策尽きた場合は女系もやむを得ないという考え方

・基本的考え方：女系も皇統であるが、男系継承の歴史を尊重し男系維持に努めるべきという考え方。

・対応案：まず男系による皇統を維持するため、旧皇族の男系男子子孫を皇族とするなどの方法で対応すべき。男系維持が可能である中で女系拡大案を検討する必要はない、あるいは実際に男系男子が途絶えるような事態になった時点で対応すべきという考え方。

③男系が途絶えるのは残念、何とか維持すべきという考え方

・基本的考え方：理由は様々あるが、ここまで長く続いてきた男系継承の歴史を終わりにするのは誠に残念という考え方。この考え方に立つ人が女系を天皇であると認めるか否かは不明であるが、男系継承が終焉を迎えた後の天皇は血統から見れば歴史上の男系天皇とは異なる存在であるという受け止め方になるのではないかと思われる。

・対応案：①または②と同じ。

④その他

①から③のいずれかの考え方に、さらに、宮中祭祀の観点から男系でなければならないという考え方、男系で続いているからこそ国内・国外で尊敬され権威を維持できるという考え方、女系継承となると皇統を一系で過去に向かってたどることができなくなるという考え方、女性天皇は配偶者を迎えることが困難という考え方、天皇という地位に伴う役割は女性には体力的に困難という考え方、などが付加される場合もある。

また、対応案の中には、旧皇族の男系男子子孫が現在の天皇陛下との共通の祖先は男系では約六百年前に遡る遠い血筋であるという議論への対応として、明治天皇の内親王との婚姻により女系では現在の天皇家に近い旧宮家（四家ある。さらにこの中には昭和天皇の内

親王との婚姻によりさらに女系では現在の天皇家に近い旧宮家もある）の男系男子子孫を皇族とすべきという案も見られる。

なお、皇統に属する男系女子の天皇（女性天皇）は歴史上十代八方（二方は重祚《ちょうそ》。一度退位した天皇が再び即位すること）いらしたことから、男系維持論の立場の中に女性天皇は認めても差し支えないという論者もいる。ただし、男系論者の多くは、女性天皇を認めた場合、皇位継承資格者が当該女性天皇一代に限り増えるだけで制度の安定につながらないこと、女系天皇を認める議論に結びつく可能性があることなどから、女性天皇にも反対の立場となっているようである。

（イ）皇位継承資格を女系に拡大すべきという考え方

この立場の考え方には女系に拡大すべき理由によって次の①から⑤までであるが、対応案には（i）直ちに皇位継承資格を女性・女系に拡大し今上陛下の次から適用すべきという考え方（すなわち愛子内親王殿下が次代の天皇になるべきという考え方）と（ii）現在の皇室の女性皇族（範囲については内親王までか、女王も含めるか要検討）及びその子孫（女系皇族）まで皇位継承資格を拡大しつつ、男系男子が皇室に不在となるまでは即位されることがないような制度とする考え方（すなわち秋篠宮皇嗣殿下、悠仁親王殿下までの継承は確定で悠仁親王殿下に男子ご誕生がない場合に、その時点での男系の女子又は女系の男子・女子が皇位を継承することになる。その場合の皇位継承順序をどのようにつけるのかは様々な可能性があり、あらかじめ決めておくことが必要になる）に大別される。

この（ⅰ）（ⅱ）のいずれによるべきかについては、左記の①と③の考え方によれば（ⅰ）となるが、それ以外の考え方の場合は明確ではない。

①男女平等の観点から女系に拡大すべきという考え方

憲法の男女平等理念の実現といった観点から、女性・女系に皇位継承資格を広げるべきという考え方。

②皇位の安定継承の観点から女系に拡大すべきという考え方

側室制度がなく、また少子化の影響もある中、男系男子による継承を安定的に維持することは困難であり、女性・女系に皇位継承資格を広げるべきという考え方。

③直系継承尊重という観点から女系に拡大すべきという考え方

皇位は親から子へと直系で継承されることが伝統にも適い望ましく、また兄弟姉妹への傍系継承は一つの御代が短期間になるなど国民生活への影響も考えると不都合もある。こうしたことからできるだけ直系継承が可能になる仕組みが望ましく、そのために天皇の子が性別を問わず皇位を継承できるよう女性・女系に皇位継承資格を広げるべきという考え方。

④日本または皇室の文化・伝統の観点から女系に拡大すべき、あるいは女系に拡大しても差し支えない・問題ないという考え方

　我が国の文化・伝統の解釈や内容は論者により異なるが、女系や母系の尊重は日本の伝統である、もともと皇統に男系女系の区別はない（女系を排除するという伝統はない）、男系継承は中国の伝統である、などの観点から、女性・女系に皇位継承資格を広げるべきという考え方。

⑤男系継承が伝統であることは理解できるが、男系を維持する方法はなく女系に拡大するしか皇統を維持する方法はないという考え方

　男系論の唱える旧皇族の男系男子子孫は、現在の皇統と男系の血縁では遠すぎ世襲の在り方として違和感があり男系維持の方策たり得ない。また一般国民として生活されてこられた方やその子孫が皇位に即くことは皇位の在り方としてふさわしくなく、男系維持の方策には無理があるという考え方。

⑥その他

　男子のご出産を強制するような制度は人権上問題ではないか、旧皇族の男系男子子孫の皇族復帰等は国民の支持が得られないのではないか、象徴を男性に限るのは不自然、

男系男子にこだわる理由が理解できない（現在の天皇家の子孫であれば男系女系関係なく全く問題ない）、などの考えから、男系男子に限定すべきでないという考え方もある。

（ウ）天皇陛下にお決めいただくべきという考え方

この立場は、男系維持、女性・女系拡大のいずれによるべきかは天皇陛下にお決めいただくべき、あるいは天皇陛下のご意見を伺った上で決めるべきという考え方である。

皇位継承の在り方は皇室ご自身の在り方に係る重大な問題であり、天皇陛下のお考えと無関係に決めるべきではないという考え方や、皇位の歴史・意義について最も深く考え理解されていらっしゃるのは天皇陛下であることからそのご判断を尊重すべきという考え方である。

天皇が皇室制度について意見を述べるのは憲法第四条との関係であってはならないという立場からはあり得ない考え方であるが、天皇制度の基本にも関わる議論の一つの在り方として紹介しておきたい。

†国民の総意と歴史の関係をどう考えるか

以上のように皇位継承の在り方については、様々な考えが示され簡単には収斂しそうにない様相を示している。今後この問題について解決のためにどのような観点から考えていくことが必要かについては終章で述べることとし、本章の最後では皇位継承の正統性を、皇位の根本を定めている憲法との関係でどう考えるべきかを簡単に述べ次章につなぐこととする。

憲法は、憲法上の天皇としての地位及び象徴としての地位は国民の総意に基づくものであると定めている。また憲法が国民の総意により具体的にどなたに皇位に即くことをお願いしているかと言えば、それは歴史上これまで存在した天皇の血統に属する方（皇統は男系のみか、男系・女系両方を含むかについて両論あることは既に述べたとおり）で天皇家の長として天皇という地位にある方にお願いしているということになる。そして、将来皇位に即く方は世襲によりその地位を継承する方であることを憲法は定めていると考えられる。

したがってこのことから憲法上正統な皇位継承者は、歴史上現在に至る天皇の血統に属する方であり、国民の総意に適う方であることが求められることになる。

言い換えれば、現在に至る皇統の歴史を国民がどう理解し、その上でどのように将来につなぐべきと考えるかが、正統な皇位継承の在り方についての判断を左右することになるということである。このことを念頭に置きつつ終章では、皇位の正統性を維持し安定した制度の在り方を議論するためにどのような観点から考えるべきかを述べることとする。

終　章

制度の安定のために

皇室制度は長い歴史を持つが、現在の皇室制度（象徴天皇制度）の基本を定める憲法と皇室典範は昭和二十年（一九四五）の終戦の後、短期間でまとめられ昭和二十二年（一九四七）に施行された。

この間、真摯な議論が帝国議会などで行われたが、将来皇位継承資格者が不在になる可能性を想定した議論は先送りにされていた。また、当時、皇室制度の運用に当たっての必要かつ十分な細則も定められることはなく、憲法に反しない範囲で旧憲法下での皇室令や先例を参考にして制度は運用され今日に至っている。

こうした点では現在の皇室制度は戦後必ずしも安定的で整備された制度として出発したとは言えなかったが、制度のそれぞれの担い手が役割を果たされ、すなわち皇室の方々のご尽力、あるいは国会はじめ様々な場での皇室制度に関する国民による議論、制度の運用の責任を持つ内閣の調整実務などを通して、象徴天皇制度は現在まで安定的に維持されてきている。

ただ、皇室制度の将来に不安がないわけではない。皇室制度の中心となる象徴制度と世襲制度が今後も安定して続くためにどのような問題をどのように考えるべきか、本章で述べることとする。

1　象徴制度の安定とは

†平成の象徴像が一つの基準に

象徴制度が安定するかどうかということは、ひとえに天皇がどのような象徴像を描かれ、それを国民がどのように受け止めることになるか、ということにかかっている。

戦後、現行憲法の下で象徴天皇制度が発足したが、その時点で国民の間に一致した象徴像が描かれていたとは考え難く、まず昭和天皇が象徴であるということから制度は出発した。昭和時代は旧憲法の下で昭和天皇により作られた天皇像を知る国民も多く、また象徴の意味も多義的で曖昧な中、旧憲法下に描かれた天皇像から離れて白紙の状態から国民が象徴像を描くのは実際上困難であったのではないかと思う。

もちろん、その歴史的背景からも、またご活動の在り方においても、昭和天皇が象徴としての側面をお持ちではあったが、いわば昭和天皇という天皇が既に存在し、そのご存在を戦後は象徴と称したというのが昭和時代だったのではないかと考えている。

そうした意味では象徴である天皇として即位された初の天皇である先代の天皇陛下のご

即位が、憲法が定める象徴制度の実質的な出発であったという見方も可能だと思う。象徴制度が安定し定着するかどうかということは平成時代に初めて登場した課題であり、それは天皇陛下の描かれる象徴像の如何にかかっていたというのが平成という御代であったと言える。

そしてこの象徴の在り方について平成時代の天皇皇后両陛下が三十一年という年月をかけて一つの回答を示された。全身全霊をもって象徴のお務めを果たされた天皇陛下が皇后陛下とともに築かれた象徴像に対して国民の多くが感謝と敬愛の念をもって受け止め、このことにより象徴天皇制度が安定した制度として確立したことを多くの国民が確信することになったと言えよう。

今上陛下も令和元年(二〇一九)五月一日の即位後朝見の儀において、こうした平成の在り方について「上皇陛下がお示しになった象徴としてのお姿に心からの敬意と感謝を申し上げ」「皇位を継承するに当たり、上皇陛下のこれまでの歩みに深く思いを致し、また、歴代の天皇のなさりようを心にとどめ……象徴としての責務を果たすことを」誓われた。令和の御代においても平成の象徴像が一つの基準となろう。

既に述べたように象徴の在り方としては、国民からの超越性と国民との同一性の微妙なバランスの取り方が大事であり、またこのバランスの取り方も時代により変化があって大変難しい。

この意味で象徴像を固定化することはかえって象徴制度の持つ柔軟性を損なうが、一つの理想的な象徴像として平成の在り方が示された令和の今、象徴天皇制度は安定した制度として現在あるといえよう。ただ、この象徴制度の在り方を今後も継続していくためには、皇室のご活動の維持が一つの重要な要素となることに異論はないであろう。

†制度の安定とご活動の維持

象徴としてのご活動をなさるに当たり、象徴というお立場を根本に置いた上で象徴のどういう側面をご活動により具体化するのかを考え、一つ一つ計画するためには、豊かな想像力が求められよう。さらに個々のご活動に当たっては、様々な立場の国民あるいは外国の人々を心に描き、象徴という地位にふさわしいよう細心のご注意と綿密なご準備をなさっていらっしゃるのではないかと拝察しており、こうしたご活動を維持していくことは、大変なご苦労があるのではないかと考えている。

このように一つ一つのご活動を大変丁寧に心をこめてなさるためには、一度に多くのお務めを天皇陛下お一方がなさることは不可能であり、そうした中、皇室への国民の多くの期待に応えていくためには、皇室の方々に象徴のお務めをご分担いただくことは不可避ではないかと思う。その意味では、象徴制度の安定のため皇室の方々それぞれのご尽力に頼る部分は誠に大きく——皇室のご活動維持の問題を単に皇室の規模の問題に収斂するべきではないと理解しているが——、まず制度として考えなければならないのがこの皇室の規模の問題であろう。

ただ、皇室が一定の規模をどのように確保していくかというこの象徴制度の課題は次の世襲制度の安定の議論の結果に影響を受ける課題であるので、この課題への対応については次項での説明の後に述べることとする。

なお、象徴制度の安定という面からは、皇室と国民とを結ぶ様々なメディアの役割も重要である。皇室の「超越性」と国民との「一体性」を損なうことのないよう、その役割を果たすことが期待されよう。さらに、今後、天皇の元首化や首相公選制の問題がどのように展開するのか、あるいは国家の権力と権威との関係は我が国においてどのようにあるべきかといった点からの議論も必要であるが、それぞれ大きな問題であり、本書の趣旨からも遠ざかるので省略し、世襲制度の問題に移ることとする。

2　世襲制度の安定とは

安定的な皇位継承を保つために現在の皇室の構成では将来に不安があることは周知のこととなっている。本書でも繰り返し述べているように今上陛下及び秋篠宮皇嗣殿下の次の世代の皇位継承資格者は、現在、皇嗣殿下の長男でいらっしゃる悠仁親王殿下一方しかおられない。

こうした将来の皇位継承に不安があることを前提に、どのように対応すべきかについても既に多くの議論がなされ、大別すると皇統についての男系維持論と女系拡大論の二つの考え方が示されている（一九九―二〇四頁参照）。

問題は、こうした考え方が既に示されているにもかかわらず、双方の考え方の接点が見いだせず、具体的な制度案へと議論が進まない状態が長く続いていることである。

そうした状況が続く中、平成二十九年（二〇一七）六月に皇室典範特例法の成立に際して、衆議院と参議院のそれぞれの委員会で附帯決議が採択され検討が促進されている。

本章では、こうした状況の中で、今後どのように議論を進めれば問題解決に少しでも近づくことができるのか、という点を考えていくこととする。

†問題をどのように設定するのか

議論を進めるに当たり、問題の設定の仕方を整理しておきたい。

中心となる問題は、附帯決議にあるように安定的な皇位継承を確保するためにはどうすべきか、ということであることは言うまでもない。これは、平成十七年（二〇〇五）に「皇室典範に関する有識者会議」で検討した問題でもある。

他方、皇室制度に関する議論としてこの問題とは別に、皇室のご活動維持のためにはどうすべきか、という問題が従来から提起されている。これは世襲制度についての問題ではなく既に本章の1で述べた象徴制度の安定に関する問題であり、平成二十四年（二〇一二）に行われた「皇室制度に関する有識者ヒアリング」で検討した問題でもある。

なぜあえてここで世襲制度とは関係のない問題に言及したかというと、今後安定的な皇位継承を確保するための方策を検討する際、継承資格者確保のために必要となる皇族の範囲についても併せて検討することが当然求められるからである。すなわち皇室の適切な規模をどうするかという論点は避けて通れず、その場合に皇室のご活動維持の観点からの皇室の適切な規模の論点が混在し議論が複雑になるおそれがあると考えたからである。

検討を複雑にしないためにもまずその目的をしぼり明確にすることが望ましく、皇位継承確保の問題とご活動維持の問題とは切り離しておきたいということを、念のために述べた次第である。

問題をいつまでに解決すべきか

ただ、このように安定的な皇位継承確保の問題を皇室のご活動維持の問題と切り離して考えると、「悠仁親王殿下がご結婚なさり、男子のお子様がご誕生になる可能性が十分あり、多くの男子がご誕生になれば安定的な皇位継承が可能になるのだから、当面は問題を先送りし、将来、悠仁親王殿下のご結婚とお子様のご誕生をお待ちしよう」ということも一つの選択肢となることは否定できない（この立場に立てば、皇室のご活動維持の問題については、その時々の皇族の方々によって可能な範囲で可能なさり方でご活動をなさっていただければ十分であるという考え方になるのかもしれない）。

こうした先送りはそもそも安定的な皇位継承という観点からも危ういと考えるが、皇位継承をめぐる議論を開始しても暗礁に乗り上げた場合、こうした先送りがされる可能性が全くないとは言えない。

ただ、今後どの時点でどのような形で皇位継承資格者を拡大するとしても、新たな資格者となる方は現在思い描かれているご自身の将来像を大きく改めることが求められることになることは間違いない。また検討の結果によっては、現在の皇位継承資格者の将来に影響があることも考えられないではない。

このように当事者のお立場を考えると、安定的な皇位継承を確保するための方策は先送りせずにできる限り早期に取りまとめられることが望ましい。もちろん令和の御代が始まり、新天皇皇后両陛下が新たな皇室像を築き始める時期に皇統の維持をめぐり政治的に紛糾することは避けるべきであり、冷静な議論を行うことができる時期に議論が始まり解決策が提示されることを期待したいと考えている。

†どのような論点についてどのように考えるか

この問題を解決するための方策としてはこれまで繰り返し述べたように「男系維持のため旧皇族の男系男子子孫に皇位継承資格の付与」と「皇位継承資格の女性・女系への拡大」との二つが提示されている。

この二つのいずれを採るか（あるいはいずれも採るかということも含めて）について、私は三つの観点から考えることが必要と考えている。

第一は、歴史・伝統との関係である。これは歴史上続いてきた血統の天皇を憲法上も天皇と定め、象徴と位置づけていることによるものである。

第二は、国民の総意、国民の皇室への期待との関係である。国民の総意は象徴天皇の地位の根拠であり、どのような天皇、どのような象徴を国民が望むのかということと切り離した議論はできないということによる。

第三は、当事者のお考え・ご意向との関係である。ここでいう当事者の中心にいらっしゃるのが天皇陛下はじめ皇室の方々であることはもちろんであり、これらの方々のご意向が最も重要と考えている。ただ今後どのような制度案を検討するかにもよるが、制度案によっては皇室の方々に加え、さらに女性皇族の配偶者になる方、あるいは旧皇族の男系男子子孫とそのご家族の方々も含めて「当事者」と考えることが必要ではないかと考えている。

以下この三点について順次述べることとする。

†第一の観点——歴史・伝統との関係

どのような制度も歴史の積み重ねと無関係ではない。特に長い歴史を背景にもつ皇室の制度については、とりわけ歴史・伝統との関係が皇位の正統性という観点からも重要になる。

そうした観点から皇位継承制度と歴史・伝統との関係について考えると、私は二つの点が重要になると考えている。

一つは「天皇の地位を継承する系統として何を重視してふさわしい系統であると考えるのか」という「系統」についての考え方である。

もう一つは「いったん皇族の身分を離れた方やその子孫が皇位を継承することをどう考えるか」という「皇籍離脱」についての考え方である。

†系統をどう考えるか

まず「系統」について考えてみたい。

旧皇族の男系男子子孫に皇位継承資格を付与すべきという立場の人は「男系」すなわち天皇と男性のみで血統がつながる子孫であることが皇位継承資格の絶対の要件であると考えている。

歴史上女性の天皇は例がある。ただ、その女性天皇が仮に皇族でない一般の男性と結婚され子供が生まれた場合、その子は性別を問わず男系ではない(その子と神武天皇からつながる系統との間に女性つまり女性天皇が入り、男性のみではつながらないので男系ではない)ことになる。この「男系でない」すなわち、いわゆる女系の天皇は歴史上存在しない。

このようなことから仮に女性に皇位継承資格を拡大しても結局のところ、当該女性皇族が皇統に属する男系男子と結婚されない限り、皇位継承資格者が一代（その女性皇族ご本人のみ）確保できるだけで、その先は女系となり皇位継承者が確保できることにはならないということになる。したがって内親王・女王に皇位継承資格を拡大すべきではないということになるわけである。

他方、系統については別の考えもある。

天皇の地位は、できる限り天皇の子が継承することが望ましいという考え方である。これは皇位継承順序についての考え方でもあり、現在の皇室典範が定める直系優先の制度にもこの考え方が現われている（一八三頁参照）。

ただ、前近代には継承資格者すべてに継承順位を付すという制度はなかったため、伝統的には継承順序というよりも、天皇の子であることが継承資格において他の皇族より優先的地位にあるという意味合いの方が近いのではないかと考えられることから、ここでは継承資格の問題についても親から子への継承という観点から考えることとしたい。

天皇の子が継承するという考え方は、歴史的にも親から子への継承をできる限り優先していること、あるいは血縁上は実際の親子ではなくても養子などの関係を結び親子であることを擬制することなどにも見られる。歴史上も皇族の男子がいるにもかかわらず天皇の子である女性皇族が皇位を継承した例もあったところである。

こうした考え方を前提に現在の状況を考えてみると、旧皇族の男系男子子孫の方々は男系ということで考えると今上陛下との共通の祖先は約六百年前となる遠い血筋の方々であり、一般的には親族とは観念されない関係にあるということになる（なお、旧皇族の男系男子の方々は昭和二十二年〈一九四七〉に皇籍を離脱されるまでは皇位継承資格をお持ちであった。明治天皇・大正天皇・昭和天皇とは男系では遠い血筋であったが、皇族であり正統な皇位継承資格者としてのお立場であった）。

こうしたことをどのように考えて将来につなげるべき皇統を選ぶか、ということが判断の一つの基準になると思われる。

「六百年にわたり一度も天皇の地位に即いた方がいない血統であるが、皇統に属する男系であり長く皇統の備えとして続いてきた血統」と「歴史上初めて男系ではなくなるが、今上陛下に至るまで初代からつながってきた天皇の血統」とがあり、このどちらの血統を将来につなぐことが歴史・伝統を尊重することになるのか、そして象徴天皇制度にふさわしいのか、ということになると思う。もちろん現在の皇室の構成において男系男子の血統は悠仁親王殿下までは確実に続くこととなっている。ここで対比的に述べたのは、仮に悠仁親王殿下まで続く男系男子の血統が絶えた場合に、その後を継ぐのが旧皇族の男系男子孫か、現在の天皇家の女系子孫か、ということを分かりやすく述べたものである。

逆に言えば、女性女系への拡大論者は初代から現在まで続いてきた男系による天皇の血統が途絶え男系という点からは新たな血統による皇統が始まることをどう考えるのか、ということになる。

また男系維持論者は、仮に将来旧皇族の男系男子子孫が皇位を継承することになれば、皇統が現在まで続いてきた血統から約六百年前に分かれた血統に移り、約六百年前に伏見宮の系統と分かれて現在まで続いている天皇の血統が途絶えることをどう考えるのか、ということになる。

いずれの判断も、法律学の枠を超えた様々な分野の専門的判断に加え、そうした専門的知識に基づく判断が皇室制度にとってどのような意義を有するのか総合的な考察と検討を要することになるが、皇統として将来につなげるべき血統をどう選択するか、ということが一つの重要な判断の基準になるということに異論はないであろう。

†皇籍離脱および皇籍復帰について考慮すべき

次に歴史・伝統に関するもう一つの視点である「皇籍離脱」について考える。

歴史上いったん皇族の身分を離れた方やその子孫が天皇の地位に即いた例は平安時代の二例のみと言われている。第五十九代宇多天皇と第六十代醍醐天皇の二方である。

こうした例があるほか、即位はされないものの臣籍降下の後皇族に復帰された例は古代を中心に少なからずあり、旧皇族の男系男子子孫が皇族になることは伝統との関係で問題はないという考え方がある。

ただ、前記の即位された二方は皇族の身分をお持ちでなかったのは短期間であり、また天皇の近親者であるという点において、旧皇族の男系男子は皇籍離脱から七十年以上経過していること、また現在の天皇の血統から約六百年離れていることから、旧皇族の男系男子子孫を皇族とする対応案の先例にはならないという考え方もあろう。

他方、女性・女系拡大論についてもこの「皇籍離脱」との関係が今後問題になる可能性がある。

制度改正が今後進まないまま経過すると、現在の内親王殿下や女王殿下がご結婚により皇籍を離脱されることが想定される。

そうなると、仮に将来皇位継承資格を女性女系に拡大することとなって元内親王殿下方などに皇室にお戻りいただくとした場合、いったん皇族の身分を離れた方について皇位継承資格をお持ちいただくことは伝統との関係でどう考えるべきか、という問題が生ずる可能性がある。

もちろん、そうした事態が生ずる前に早く制度改正を行い、内親王殿下方などがご結婚されても皇族の身分を離れないようにすべきという議論もあるかと思う。

ただ、こうした早期の制度改正が実際上困難であった場合、次のような考え方もあると考える。

それは歴史上の例外である宇多天皇と醍醐天皇が先例になるのではないかという点である。現在の内親王殿下は、今上陛下の子または次の天皇となることが予定されている皇嗣殿下の子にあたり、天皇とは極めて血縁が近いご関係である（女王殿下方は大正天皇の曾孫にあたるので天皇との血縁は少し遠くなる）。そうした点では仮に皇族に復帰されることとされても参考になる先例はあると考えることができるということである。

このように、男系維持論と女性女系拡大論のそれぞれに想定される「皇籍復帰案」のいずれが歴史・伝統をより尊重することになるのか、ということが今後議論になる可能性があり、判断が求められることになるのではないかと考える。

†第二の観点――国民の総意、国民の皇室への期待との関係

皇室の制度において歴史・伝統が重要なことは既に述べたとおりであるが、この制度を将来へ引き継いでいくのは各時代の人々であり国民である。

制度は各時代の人々によって、例えば憲法といった形式で定められ、さらにその制度を

取り巻く環境が日々人々により形作られ、さらに運用され、時に制度の形を変えて将来に受け継がれて行く。

そうした意味で、皇室制度も国民の意識とは無関係ではない。そもそも国民の総意が現行制度の基礎にある。

以上を前提に皇位継承制度の将来を国民との関係から考える場合、二つの観点から考えることが必要と私は考えている。

一つは「国民の総意」という場合の「国民」ということで具体的に何を考えるかと言うことである。これは憲法の解釈とは無関係ではないが、もう少し幅広い観点から考えることが皇室制度のこれからを考える際に必要ではないかと考えている。

他の一つは、象徴天皇への国民の期待をどのように理解しそれにどう応えるのが制度にとってふさわしいのかということである。これは譲位の是非の議論ともつながる論点である。

†国民をどうとらえるか

まず「国民の総意」の「国民」は、憲法上、主権者である国民ということであるが、その総意をどのように解釈し、また確認するかとなると、これは様々な考え方がある。

「国民」を観念的にとらえ、日本国籍を有する者の全体としたり、過去現在将来を通じて継続する単一体とする考え方もある。

また、これとは異なり「国民」を具体的にとらえて、有権者の総体ととらえる考え方——この考え方にもいろいろな説があるが——もある（この「観念的に捉える理解」と「具体的に捉える理解」の区分については渋谷秀樹『憲法』による）。

なぜここで憲法の議論に関連する話を持ち出したかというと、「国民」をどう考えるかという議論が、皇位継承制度の決定の正統性さらに言えば決定主体の正統性をどのように説明するかということにつながると考えるからである。

国民の総意に過去の国民の総意も含むと考えると「伝統こそがこの国民の総意の内容の中で重い意味を占める」「伝統が総意だ」という主張につながることになる。

皇位継承制度の問題に関して具体的に言えば、現在の国民の意思だけで皇位継承制度を変えることは適切ではなく過去からの国民の総意である男系継承を十分尊重した上で国民の意思を判断すべきだという議論が可能になる（もちろん、男系男子限定は近代以降の制度であり過去からの国民の総意は皇位継承資格を男系に限定していないという論もあると考えるが）。

他方、現在の日本国の有権者の意思が国民の意思であり、端的に言えば国会での議論あるいは国民投票や世論調査でその意思は確認できるという考えもある。

皇室の制度にとって歴史・伝統は極めて重要であると私は考えるが、ただ、この制度を将来へ引き継いでいくのは各時代の国民である。

となれば、ある時代の国民の意思に沿わない制度は、それが歴史的に長く続いたものであっても将来に引き継がれなくなることもあるということになる。少なくとも現在の国民が納得して将来に引き継ごうとする制度でなければ、それは途絶えてしまうことになる。こう考えると、手続き的に皇位継承制度の正統性を保証するものは、結局は国会での議論であり、あるいはその過程で様々な機関が行う世論調査の結果ということになると言わざるを得ない。

ただ、こうした手続きの過程で伝統との関係を十分尊重して議論することは大切な事と考える。仮に伝統とは異なる制度にするのであれば、制度の本質あるいは制度の目的との関係で伝統を上回るどのような価値を実現するために伝統から離れざるを得ないのかということを、将来の国民に向けても説得できるだけの議論を行うことが必要ではないかと考える。

また伝統の中で、この伝統からは離れるけれども他のこの伝統は大切に維持していくというような、伝統の中での比較や選択も議論の過程では必要ではないかと考えている。そもそも男系継承が我が国の伝統なのかについても必ずしも見解が一致しているとは言えず、きめ細かな議論が求められよう。

いずれにしても、伝統との関係は丹念に議論し判断することが国民の意思形成の中で求められるものと考えている。

†どのような天皇・象徴が継承されることを国民が期待しているのか

続いて象徴天皇への国民の期待という点について述べたい。

皇位継承制度という制度において継承する対象はもちろん天皇の地位であり象徴の地位であるが、どのような天皇・象徴が継承されることを国民が期待しているのか、そしてその期待に応える継承制度はどのような制度なのか、ということがここでの論点である。

この問題は平成時代末の譲位に関する議論でおおかたの方向は出ていると思う。天皇はその存在が最も大切であるが、さらに社会や時代の要請に応えたご活動をなさっていただくことも国民から期待されている。

もちろん天皇ご自身が「天皇・象徴とはどのようにあるべきか」とお考えであるかということも象徴制度の継続のために極めて重要であるが、天皇のご意思の問題は後ほど述べるとして、ここでは国民の期待に応えることが可能な皇位継承制度とはどういうものか、という点を述べることにする。

国民の多くが、天皇・皇室のご活動をありがたいことと受け止めている背景として、象徴という地位の受け止め方に沿って三つの理解の仕方があると私は考えている。さらに細かく分けることも可能と思うが、思い切って次の三つに区分を試みた。

一つは、天皇の象徴としてのご活動は、その地位の基礎にある国民の総意の現れとしてのご活動であるからありがたいという考え方である。例えば天皇が平和を願い、あるいは被災地を訪問されるのは、平和や被災者に対して国民がいだく気持ちを天皇が受け止め、そうした国民の気持ちをいわば象徴する形で具体的に行動なさっていると理解し、主権者である国民の気持ちを天皇が体現されているから、天皇のご活動はありがたいという考え方である。

いわば「国民の総意の体現者」としてのありがたみということである。

二番目は、皇室の方々は、歴史上長く続いた特別な血統に属する方や、それに連なる方々であり、国家の連続性や歴史を体現される特別なお立場の方がなさるご活動であるからありがたいという考え方である。皇室が国民のために行われる一つ一つのご活動の背景に歴史が流れており、ご活動をなさるお姿を拝見することを通して我が国の歴史が現前するかのような思いがするという人もいるであろう。皇室のご活動はいわば歴史に裏付けられた価値をその時代その時代に合わせて具体化したご活動でありそのご一身が歴史を象徴しつつご活動されることからありがたいという考え方である。

こちらは、いわば「我が国の歴史の体現者」としてのありがたみということである。

三番目は、皇室の方々は国家・国民の安寧・幸せを祈るご存在であり、個々のご活動はそうした祈りの具体的な現れであるから、ありがたいという考え方である。皇室の方々は日々のご生活の中で常に国家・国民のことを思い、そのご活動は一見些細なようなことであっても全て国家・国民への祈りにつながり、時には全ての国民の思いを引き受け限りなく深い祈りのお務めをなさっていただいている。こうしたことからありがたいという考え方である。

いわば「祈りの体現者」としてのありがたみということである。

実際はこれらの考えが混在していたり、具体的なご活動の内容によりそのありがたさの背景が異なることもあるなど、もっと複雑だと考えるが、皇室制度のこれからの在り方を考える際に、こうしたありがたみに沿った制度が多くの国民の支持を得る在り方になるものと考えている。またいずれの「ありがたみ」を重く見るかによって、制度選択の方向性に影響があるのではないかと考え、あえてこのように三つに区分し述べたところである。

「国民の総意の体現者」としてのご活動を重く見れば、重要なのは天皇が国民の総意をよく理解し体現なさるかどうかということであり、その天皇が男系か女系かという点はさほど大きな意味は持たないことになろう。

「歴史の体現者」としてのご活動を重く見た場合、将来においても歴史を体現するのは「仮に現在の天皇家の男系の皇統が将来絶えた場合、その先の皇統は伝統に沿った男系であり皇族として長く皇統の備えであった血統」の天皇なのか、「現在に続く天皇家の血統であり、歴史上例のない女系であってもそこから先に続く血統」の天皇なのか、ということをどう考えるかにより制度の選択が分かれると思う。

「祈りの体現者」という場合、この祈りの中心には宮中祭祀があると考えるが、さらに祈りの内容を国家の安寧や国民の幸福を願う日々のお気持ちというように広く考えることもふさわしいと考える。こうした祈りの体現者である天皇について、男系の血統に属する天皇が祈らなければその祈りに価値がない、という考えをとるかどうかにより制度の選択が分かれると思う。

いずれにしても現在の国民が皇室に期待する内容を良く理解し把握した上で、それにふさわしい皇位継承制度の在り方を考えていくことが大切であると考えている。

†第三の観点――当事者のご意向を考える

皇位継承制度の問題は将来の皇室の在り方に大きな影響をもたらす問題であり、こうした重要かつ長期にわたり影響が大きい問題については、制度に関係する当事者のご意向を体して議論を進めることが、改正後の制度が実際に円滑に運用されるために必要であると私は考えており、最後に当事者との関係について述べることとする。

まず、天皇はじめ皇室の方々のご意向との関係をどのように考えるかということが議論の進め方・議論の在り方を考える上で大切であると考えている。

譲位を巡る議論でも論点となったが、天皇はじめ皇室の方々のご意向については、皇室の政治関与・政治利用との関係が問題になり得る。

私は、譲位については、その地位にある方ご自身のご存在のあり方そのものに関わる事柄であってご本人の意思と無関係であってはならない事柄であると考えている。したがってこれは憲法第四条が定める「国政」とはそもそも次元が異なる問題であり、「国政」には当たらないと考えている。また仮に憲法第四条の国政に当たるとしても、憲法は人を象徴として定めており、ご本人が譲位の意思を表明されることは人道上の観点から憲法上認められると考えられる。

これに対して、皇位継承制度のうち皇位継承資格の問題については当事者のご意向との関係はもう少し複雑であると考えている。

皇位継承資格を旧皇族の男系男子子孫に認めるか、あるいは女性・女系に拡大するかということは、いわば天皇家の後継ぎをどうするかという問題である。

そうした時にその時々の天皇はじめ皇室の方々のご意向と全く無関係にその家の後継ぎを決めていいのか、というのが私の問題意識である。

天皇家の後継ぎ問題は、天皇ご自身に関する事柄ではないが、天皇家にとっては、その本質にもかかわる誠に重要な問題ではないかと考えている。

もちろん天皇という地位も国の制度上の地位であるからその継承の在り方について国の意思として、最終的には国会での議論で、決めるべき事柄である。

また天皇家は公《おおやけ》の存在であり、その時々の天皇の個人的なご意向とは離れてその在り方を議論すべきという考え方もあろう。

ただ、天皇陛下というご存在は、常に公《おおやけ》のお立場に立って物事をご判断される方でいらっしゃると私は受け止めている。

したがってその時々の天皇陛下は「天皇家の歴史を最もよくご存じであり、伝統を体現してこられた唯一の方」として、また「常に国民の願いを受け止めてこられた方」として、そのご判断には私情というものはなく、歴代の天皇の総意に基づき判断されるものと理解している。

また、国としても、歴史上続いてきた天皇家の方に象徴として天皇の地位に即くことを憲法によりお願いしている以上、何らかの形でそのご意向を確認し、少なくともご意向に反する制度にすることは避けることが、将来天皇制度を長く続けるためには望ましいと考えている。

もちろん実際にどのような形でご意向を確認し、それをどのように議論に反映するかということは憲法第四条との関係もあるなど簡単なことではない。むしろご意向を確認しつつもご意向確認の有無やその内容は一切公にせず内閣の責任において判断し対応する方が、検討が円滑に進むのかもしれない。

ただ、皇位継承制度問題の重みに鑑みれば、今後、この問題を検討する政府や国会が皇室のご意向を無視することなく、充分な配慮と検討のうえ議論が進み、皇室のお気持ちと国民の考えが一致することを願っている。

†女性皇族の配偶者について

次に考えなければならないのは、内親王殿下方など女性皇族とその配偶者になられる方のご意向との関係である。

マスメディアを通して時々目にする議論であるが、現在の皇室の血統を継続しつつ男系継承も維持するために、内親王殿下方などが旧皇族の男系男子子孫の方や、さらに範囲を広げて旧皇族以外で皇統に属する男系男子にあたる方とご結婚なさることが望ましいという議論がある。

これは、当事者の合意により結果的にそういったご結婚があって、内親王殿下方なども皇族の身分を維持され配偶者になられる方も皇族となるということが可能になれば、一つの解決なのかもしれない。

ただ、こうした形での解決を促進するために例えば「内親王殿下・女王殿下が旧皇族の男系男子子孫とご結婚された場合は、当該女性皇族は皇籍を離脱せず、かつ、その配偶者及び子を皇族とする」という制度を設けることには賛成しない。

ご結婚において当事者の意思が何らかの形で強制される事態をも招きかねない仕組みは避けた方がよい、というのが私の考えである。

†旧皇族の男系男子子孫のご意向も尊重すべき

さらに考えるべき当事者のご意向として、旧皇族の男系男子子孫とそのご家族の方々のご意向がある。

戦後の皇籍離脱(昭和二十二年〈一九四七〉十月十四日、十一宮家の皇族が皇籍を離脱)から七十年以上を経過し、旧皇族の男系男子子孫の方は昭和二十二年十月まで皇族であった方を除き、皇族としての経験をお持ちではない。

そうした方が皇族になるということは、当事者にとり大きなご決断であると拝察される。また未成年である方の意思をどのように判断するかということも、よく考えなければならない問題だと思われる。

今後、仮に旧皇族の男系男子子孫とそのご家族の方々のご意向を確認することが必要になったとしても、議論のどの段階で、どういった範囲の方に、どのような方法で確認することが関係者に強制にならず、また、負担にならないかなどについて十分考えなければならないであろう。

また、いったん皇族となられたものの、その後、本人の意思でまた一般国民に戻りたいという場合にどう対応すべきか、あるいは、将来、皇室に男子の数が多くなった場合、本人の意思に反しても皇籍から離脱させることができるようにするのか、など制度化する場合には慎重な議論を要する様々な論点がある。

このほか、旧皇族男系男子子孫を皇族とする場合、既に皇室内にいらっしゃる方と新たに皇室に入られる方との間に何らかの「合意」を要するのかということも検討が必要と考える（養子という形で皇族となる場合も同様）。ただこの場合、皇室の方々のご意向をどのように把握するのかという問題や、この男系男子子孫を皇族として受け入れるかどうかということについての皇室の方々のご意向は政治的意味合いがあるのではないかという問題もあり、憲法第四条との関係で考え方をどう整理するのかさらに検討が必要である。

なお、旧皇族の男系男子子孫の方々をどのような条件や手続きで皇族とするのかにもよるが、既に皇室内にいらっしゃる方と新たに皇族となられる方との一体感と言うか、皇室という大きなご家族としての一体性がどのように醸成されるのかということも懸案事項ではないかと考える。こうした皇室の内側に関する事柄は一般国民にはなかなか想像できないことかと思うが、国民の間に、皇室の一体性についての疑問や不安感が生ずるおそれがないような仕組みや手続きが望まれると思う。

†皇室経済への影響(国民の負担への配慮)

制度を考える場合、皇室制度に限った話ではないが、国の財政面への負担の観点を欠かすことはできない。とりわけ社会、経済の低迷が続くような時代においては国民の負担への配慮は欠かせない。男系・女系の議論を皇室経済への影響という視点のみから検討をするべきではないが、世襲制度を安定的に維持するために必要十分な皇室の規模を検討する際には、皇室経済への影響も含めて男系論・女系論のそれぞれの具体的な制度案を見ていくことが必要になる。

皇位継承資格を男系男子に限定した制度の場合（現行制度がこの制度であるが）と皇位継承資格を女性・女系に拡大する場合とを比較した場合、制度の安定のために必要十分な皇室の規模はどのように異なるのかについての確認や検討も今後いずれかの時点で必要になると考える。

3　象徴天皇制度にふさわしい議論とは

†象徴制度・世襲制度の安定のために

象徴制度は国民の総意に基づいている。本章の1で述べたようにこの制度が安定して続くためには国民が期待する象徴像と皇室が描かれる象徴像が一致することが条件である。この象徴像の一致のために皇室のご活動が有している意義を前提に考えると、やはり皇室にそれ相応の規模を維持していただくことが必要であり、そのための方策を考えるべきことになるが、この議論をどのように進めるかについては、本章2で述べた安定的な皇位継承を確保するための方策の議論がどのように進むかによるところが大きい。

安定的な皇位継承を確保するための方策についての議論が順調に進み、新たな皇位継承制度が整った場合、これに伴って皇室の規模は世襲制度の安定が可能な規模となると考えられる。そして世襲制度の安定が可能な規模であれば、将来的には皇室のご活動維持が困難なほどの小規模な皇室になることは、まずないのではないかと考えられ、また象徴制度安定のための皇室のご活動は、その時々の皇室の規模と構成を前提になさっていただくことで国民も納得するのではないかと考えている。

したがって、順調に皇位継承制度の議論が進めば、別途皇室のご活動維持のための議論を行わなくても、皇室の規模という観点から象徴制度の安定が脅かされることはないものと考える。

他方、仮に安定的な皇位継承を確保するための方策についての議論が中断し先送りとなれば、皇室の高齢化、女性皇族方のご結婚による皇室の規模の縮小が想定される中でご活動維持の方策を検討することが必要にならざるを得ない状況になる。その際には、皇位継承問題とは切り離してできるだけ早期に議論を行い、ご活動いただく方を確保する方策を導き出すことが求められよう。

そして、この議論の場合も、皇室のご活動への国民の期待や、ご活動にあたる皇室の方々など当事者のお考えを把握しつつ、ご活動の内容や量を見直すとともに、どのようなお立場の方にどのように皇室のご活動に携わっていただくかを検討することが必要になると考えられる。

安定的な皇位継承を確保するための方策について、議論がどのように進むにせよ、象徴制度の安定が令和の御代に引き継がれていくことを願う次第である。

†多様な意見をどうまとめるか

以上、皇室制度を将来に向けて安定的に維持するためにその基本となる象徴制度と世襲制度の観点から今後の議論における論点や留意事項などについて整理を試みた。

本書は具体的な制度案を提示したり、議論の方向性を示すことを意図したものではない。国民の間で今後制度について議論を進めて行く場合の考え方あるいは論点を述べるに留まっており、それぞれについてどう判断し、どう結論を導くのかは、国民一人一人に委ねるべきであると考えている。本書は国民一人一人が考えるために必要となる制度の基本的仕組みと論点を示したに過ぎない。

今後皇室制度についてどのような検討の場でどのように議論を行い、どのような制度を採るべきかということは、国民のそして国民の意を体した国会の考えによることになるが、私としては、そうした議論が象徴天皇制度にふさわしい形での議論となることを願っている。

国民統合の象徴の在り方を議論することによって国論が分かれ激しく対立するようなことは避けなければならない。問題が制度的に解決しても対立が長く残るような形になっては、本当に解決したとはいえないことになる。

象徴天皇という存在が我が国の国内に対立をもたらしているという見解もあることは承知しているが、制度が本来期待しているのは、個人の尊厳が守られ自由な社会の中で様々な対立があっても、異なる意見を調整し包み込み受け入れて共存が可能な秩序を持つ国として我が国があり、そうした統合された国民を象徴するのが天皇のお姿であると私は理解している。

こうした意義のある象徴天皇制度を維持するために議論を行うのであれば、議論に際しては異なる立場の見解を初めから切り捨てたり議論の相手に対して攻撃的になることなく、異なる立場の考えもよく理解しその上で一段階上の解決が見つかるよう一層知恵を絞り思慮に思慮を重ねていくことが、望ましい議論の在り方ではないかと考えている。

そのためにも国民一人一人が制度の意義と特徴についてよく考えて、一つ一つの論点について丁寧に考え判断した上で、議論の進展を見守りあるいは議論に参加することが望ましい姿ではないかと考えている。

本書では最後に皇室制度の将来について考えていただく手始めのものとして附録をつけることとした。皇位継承制度の今後の議論に関心のある読者は、是非ご自身が判断を進める過程を確認しつつ考えをまとめてみてはいかがだろうか。

附録　一人一人が考えるために

・皇位継承制度問題に今後どう対応すべきかについて、あなたの考えに沿った案があるかどうか確認してみませんか。
・皇室制度の基本的仕組みや考え方は本書で述べたとおりですが、今後、皇位継承制度に関して様々な場で多くの論点について専門的な観点からの考え方や、大局的な見地からの意見などが示され有益な議論が行われると思います。そうした議論に接する機会があるたびに、読者ご自身の考え方を確認され、どのような対応案が望ましいか、その都度考えてみてはいかがでしょうか。
・選択する対応案はできれば一つではなく、ここまでなら納得できるという案を複数選択し順位を付けてみてはいかがでしょうか。このことによってご自身が何を大切に判断しているのか、あるいは異なる考え方への許容度のようなものがわかると思います。
・以下に列記した対応案は既に様々な立場の論者から示されている案などをもとに順不同で列記したものです。個々の提案者名については省かせていただくことをご容赦願います。
・なお、①いわゆる側室制度案、②内親王・女王の配偶者を旧皇族の男系男子子孫など過去の天皇の男系男子子孫に限定する案、の二案は、国民の受け止め方や当事者・関係者のお気持ちを考慮して対応案から除いています。

対応案1：悠仁親王殿下ご結婚後まで検討先送り案

悠仁親王殿下がご結婚の後、お子様の有無・人数・性別などを基に判断する。それまでは公式の場での議論は行わない。議論を数年から十年以上先送りする。

対応案2：議論の状況に応じて検討先送り案

まず公式の場で検討を開始し、容易に結論がまとまらない場合は、議論で提示された案を併記するなどの対応にとどめ結論は出さず検討を中断する。ただし、検討中断に当たっては、中断の二～三年後に公式検討を再開し結論を数年以内（例えば検討再開から三～五年以内）にまとめることを条件とする。

対応案3：議論の状況に応じ、検討課題を皇室のご活動維持の問題に変更する案

皇位継承資格の問題について議論の収斂の見通しがつかない場合、当面対応が必要な皇室のご活動維持について皇位継承問題とは切り離して検討を進めることとし、次の①〜③の対応を選択する。

（なお、皇位継承の安定の問題については先送りする→対応案1または2と同じ）

①今後女性皇族（内親王に限定するか否かはさらに検討）が皇籍を離脱する場合、離脱された皇族及び皇室の了承が得られれば、離脱後の元女性皇族に皇室のご活動を支援いただく。

②旧皇族の男系男子子孫に、本人及び皇室の了承が得られれば皇室のご活動を支援いただく。

③女性皇族（内親王に限定するか否かはさらに検討）は本人の意思または皇室会議の議により、婚姻後も皇籍を離脱しないこととし、皇室のご活動を支援いただく（女性皇族の配偶者と子を皇族とするかどうかで案がさらに分かれるが案が細分しすぎるので省略する。なお本案は皇位継承問題とは別の問題についての案であり当該女性皇族が皇位継承資格を有することにはならない）。

対応案3の1：①のみの対応をする。

対応案3の2：②のみの対応をする。

対応案3の3：③のみの対応をする。
対応案3の4：①②の両方の対応をする。
対応案3の5：①③の両方の対応をする。
対応案3の6：②③の両方の対応をする。
対応案3の7：①②③のすべての対応をする。

対応案4：現在の皇位継承資格者を優先した上で検討を行う案

秋篠宮殿下、悠仁親王殿下、常陸宮殿下までの現行制度での皇位継承順位は今後の検討結果如何によらず変更がないことを何らかの手続きにより確定し、その上で、次の①〜③の対応を選択する。

なお、①の場合は皇位継承資格者が当該女性皇族一代に限り増加するのみで制度の安定性にはつながらず、さらなる検討がいずれ必要になる。ただ、悠仁親王殿下ご結婚後の状況が定まるまでの間の暫定的な対応という意味も持つことになる。

①皇位継承資格を女性皇族（内親王に限定するか否かはさらに検討）まで拡大し、女性皇族も婚姻後も原則として皇族の身分を維持することとするが、本人の意思により皇族の身分を離れることも可能とする。

この場合、女性皇族の配偶者と子を皇族とするかどうかで案がさらに分かれるが案が細分しすぎるので省略する。なお、この配偶者・子の身分は重要な論点であり、①の対応が現実化する場合には、意見が分かれることが想定される。

②皇位継承資格を旧皇族の男系男子子孫まで拡大し、皇族となる意思がある男性は皇室会議などの何らかの手続きにより皇族の身分を有することを可能とする。

この男性に既に配偶者や子がいる場合、配偶者・子を皇族とするかどうかで案がさらに分かれる（皇族となった後に結婚される場合は、現行制度の皇族男子と同様に考えることにするか、あるいは悠仁親王殿下ご結婚後の状況により判断することとし、それまでは配偶者・子を皇族としないか、などいくつかの対応案が考えられる）。

③皇位継承資格を女性（内親王に限定するか否かはさらに検討）・女系まで拡大し、女性皇族も婚姻後も原則として皇族の身分を維持することとするが、本人の意思により皇族の身分を離れることも可能とする。女性皇族の配偶者・子も皇族の身分を有し、子は性別を問わず皇位継承資格を持つこととする。

対応案４の１：①のみの対応をする。
対応案４の２：②のみの対応をする。
対応案４の３：③のみの対応をする。

対応案4の4：①②の両方の対応をする。

対応案4の5：②③の両方の対応をする。

対応案5：皇位継承資格を男系女子に拡大する女性天皇案

皇位継承資格を男系女子（内親王に限定するか否かはさらに検討）まで拡大し、皇位継承順序は直系長系近親優先とする制度改正を行う。これにより次代の天皇は愛子内親王殿下となる。皇位継承資格をさらに女系に拡大するか否かについては今後の検討によることとして結論は先送りにする。

対応案6：旧皇族の男系男子子孫を皇族とする案

旧皇族の男系男子子孫で皇族となる意思がある男性を皇室会議などの何らかの手続きにより（宮家の新設、現在ある宮家の養子となるなどの方法で）新たに皇族とし、本人または次の代の男性から皇位継承資格を持つこととする（皇族となる意思がある男性全てを皇族とするのか、皇室の適切な規模の観点から人数を限定するか、また限定する場合の基準について検討が必要）。

対応案7：旧皇族の男系男子子孫のうち女系で現在の天皇家に近い方を皇族とする案

旧皇族の男系男子子孫で今上陛下の系統に女系で近い系統の男系男子子孫（二〇〇頁参照。複数いらっしゃると言われている）で皇族となる意思がある男性を（宮家の新設、現在ある宮家の養子となるなどの方法で）新たに皇族とし、本人または次の代の男性から皇位継承資格を持つこととする（対応案6同様に人数の限定等につき検討が必要）。

対応案8：皇位継承資格を女性・女系に拡大する案

皇位継承資格を女性・女系に拡大の上、皇位継承順序は直系長系近親優先とする制度改正を行う。これにより次代の天皇は愛子内親王殿下となる（婚姻後の愛子内親王殿下の配偶者、子も皇族となり、子は性別を問わず皇位継承資格を持つ）。

対応案9：天皇陛下にお決めいただくこととする案

天皇陛下に幾つかの案をご提示申し上げお決めいただく。あるいは、案をご提示せず、天皇陛下にお考えをお示しいただく。

対応案10：その他の対応案

左記の空欄にご自身のお考えをまとめてみましょう。

〔　　　　　　　　　　　　　　　　　　　　　　　　　　　　　〕

なお、対応案5から対応案8については、組み合わせにより新たな案を考えることもできますが、さらに複雑になるので省略しました。

〔参考1〕皇位継承順序について

前掲の対応案における皇位継承順序については、例えば、男系男子を直系よりも優先、男系を直系よりも優先、兄弟姉妹間では男子優先、男系女系を問わず直系優先など、対応案によってはいくつかの選択肢があり、どのような順序とするかで案が細分化する。また実際に制度化を進める際には、さらに様々な状況（例：直系女系男子と傍系男系女子のどちらを先順位とすべきか）を想定した検討が必要になる。

〔参考2〕旧皇族の男系男子子孫に皇族となる意思がある方が不在の場合

仮に旧皇族の男系男子子孫の中に皇族となる意思がある方が不在の場合、制度化を断念するか、さらに男系男子子孫の範囲を広げるか、広げる場合どこまで広げるかについて検討が必要になる。

参考資料

皇室の構成（令和元年十月現在）

＊印は崩御または薨去された方を示す
（宮内庁ホームページにならい、敬称は付していない）

昭和《しょうわ》天皇＊ ＝ 香淳《こうじゅん》皇后＊

秩父宮《ちちぶのみや》雍仁《やすひと》親王＊ ＝ 妃 勢津子《せつこ》＊

高松宮《たかまつのみや》宣仁《のぶひと》親王＊ ＝ 妃 喜久子《きくこ》＊

上皇陛下（明仁《あきひと》） ＝ 上皇后陛下（美智子《みちこ》）

常陸宮《ひたちのみや》正仁《まさひと》親王殿下 ＝ 妃 華子《はなこ》殿下

天皇陛下（徳仁《なるひと》） ＝ 皇后陛下（雅子《まさこ》）

愛子《あいこ》内親王殿下

秋篠宮《あきしののみや》皇嗣殿下（文仁《ふみひと》） ＝ 秋篠宮皇嗣妃殿下（紀子《きこ》）

眞子《まこ》内親王殿下

佳子《かこ》内親王殿下

悠仁《ひさひと》親王殿下

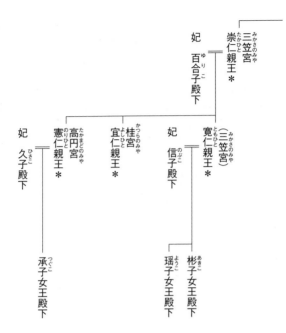

三笠宮《みかさのみや》崇仁《たかひと》親王＊

妃　百合子《ゆりこ》殿下

（三笠宮《みかさのみや》）寛仁《ともひと》親王＊

妃　信子《のぶこ》殿下

彬子《あきこ》女王殿下

瑶子《ようこ》女王殿下

桂宮《かつらのみや》宜仁《よしひと》親王＊

高円宮《たかまどのみや》憲仁《のりひと》親王＊

妃　久子《ひさこ》殿下

承子《つぐこ》女王殿下

日本国憲法（抜粋）（昭和二十一年十一月三日）

第一章　天皇

第一条　天皇は、日本国の象徴であり日本国民統合の象徴であつて、この地位は、主権の存する日本国民の総意に基く。
第二条　皇位は、世襲のものであつて、国会の議決した皇室典範の定めるところにより、これを継承する。
第三条　天皇の国事に関するすべての行為には、内閣の助言と承認を必要とし、内閣が、その責任を負ふ。
第四条　天皇は、この憲法の定める国事に関する行為のみを行ひ、国政に関する権能を有しない。
②　天皇は、法律の定めるところにより、その国事に関する行為を委任することができる。
第五条　皇室典範の定めるところにより摂政を置くときは、摂政は、天皇の名でその国事に関する行為を行ふ。この場合には、前条第一項の規定を準用する。
第六条　天皇は、国会の指名に基いて、内閣総理大臣を任命する。
②　天皇は、内閣の指名に基いて、最高裁判所の長たる裁判官を任命する。
第七条　天皇は、内閣の助言と承認により、国民のために、左の国事に関する行為を行ふ。
一　憲法改正、法律、政令及び条約を公布すること。
二　国会を召集すること。
三　衆議院を解散すること。
四　国会議員の総選挙の施行を公示すること。
五　国務大臣及び法律の定めるその他の官吏の任免並びに全権委任状及び大使及び公使の信任状を認証すること。
六　大赦、特赦、減刑、刑の執行の免除及び復権を認証すること。

七　栄典を授与すること。
八　批准書及び法律の定めるその他の外交文書を認証すること。
九　外国の大使及び公使を接受すること。
十　儀式を行ふこと。
第八条　皇室に財産を譲り渡し、又は皇室が、財産を譲り受け、若しくは賜与することは、国会の議決に基かなければならない。

第二章〜第六章（略）

第七章　財政

第八十三条〜第八十七条（略）
第八十八条　すべて皇室財産は、国に属する。すべて皇室の費用は、予算に計上して国会の議決を経なければならない。
第八十九条〜第九十一条（略）

第八章（略）

第九章　改正

第九十六条　この憲法の改正は、各議院の総議員の三分の二以上の賛成で、国会が、これを発議し、国民に提案してその承認を経なければならない。この承認には、特別の国民投票又は国会の定める選挙の際行はれる投票において、その過半数の賛成を必要とする。
②　憲法改正について前項の承認を経たときは、天皇は、国民の名で、この憲法と一体を成すものとして、直ちにこ

れを公布する。

第十章　最高法規

第九十七条・第九十八条（略）

第九十九条　天皇又は摂政及び国務大臣、国会議員、裁判官その他の公務員は、この憲法を尊重し擁護する義務を負ふ。

第十一章（略）

皇室典範（昭和二十二年一月十六日法律第三号）

第一章　皇位継承

第一条　皇位は、皇統に属する男系の男子が、これを継承する。
第二条　皇位は、左の順序により、皇族に、これを伝える。
一　皇長子
二　皇長孫
三　その他の皇長子の子孫
四　皇次子及びその子孫
五　その他の皇子孫
六　皇兄弟及びその子孫
七　皇伯叔父及びその子孫
②　前項各号の皇族がないときは、皇位は、それ以上で、最近親の系統の皇族に、これを伝える。
③　前二項の場合においては、長系を先にし、同等内では、長を先にする。
第三条　皇嗣に、精神若しくは身体の不治の重患があり、又は重大な事故があるときは、皇室会議の議により、前条に定める順序に従つて、皇位継承の順序を変えることができる。
第四条　天皇が崩じたときは、皇嗣が、直ちに即位する。

第二章　皇族

第五条　皇后、太皇太后、皇太后、親王、親王妃、内親王、王、王妃及び女王を皇族とする。

第六条　嫡出の皇子及び嫡男系嫡出の皇孫は、男を親王、女を内親王とし、三世以下の嫡男系嫡出の子孫は、男を王、女を女王とする。
第七条　王が皇位を継承したときは、その兄弟姉妹たる王及び女王は、特にこれを親王及び内親王とする。
第八条　皇嗣たる皇子を皇太子という。皇太子のないときは、皇嗣たる皇孫を皇太孫という。
第九条　天皇及び皇族は、養子をすることができない。
第十条　立后及び皇族男子の婚姻は、皇室会議の議を経ることを要する。
第十一条　年齢十五年以上の内親王、王及び女王は、その意思に基き、皇室会議の議により、皇族の身分を離れる。
②　親王（皇太子及び皇太孫を除く。）、内親王、王及び女王は、前項の場合の外、やむを得ない特別の事由があるときは、皇室会議の議により、皇族の身分を離れる。
第十二条　皇族女子は、天皇及び皇族以外の者と婚姻したときは、皇族の身分を離れる。
第十三条　皇族の身分を離れる親王又は王の妃並びに直系卑属及びその妃は、他の皇族と婚姻した女子及びその直系卑属を除き、同時に皇族の身分を離れる。但し、直系卑属及びその妃については、皇室会議の議により、皇族の身分を離れないものとすることができる。
第十四条　皇族以外の女子で親王妃又は王妃となつた者が、その夫を失つたときは、その意思により、皇族の身分を離れることができる。
②　前項の者が、その夫を失つたときは、同項による場合の外、やむを得ない特別の事由があるときは、皇室会議の議により、皇族の身分を離れる。
③　第一項の者は、離婚したときは、皇族の身分を離れる。
④　第一項及び前項の規定は、前条の他の皇族と婚姻した女子に、これを準用する。
第十五条　皇族以外の者及びその子孫は、女子が皇后となる場合及び皇族男子と婚姻する場合を除いては、皇族となることがない。

第三章　摂政

第十六条　天皇が成年に達しないときは、摂政を置く。

② 天皇が、精神若しくは身体の重患又は重大な事故により、国事に関する行為をみずからすることができないときは、皇室会議の議により、摂政を置く。

第十七条　摂政は、左の順序により、成年に達した皇族が、これに就任する。

一　皇太子又は皇太孫
二　親王及び王
三　皇后
四　皇太后
五　太皇太后
六　内親王及び女王

② 前項第二号の場合においては、皇位継承の順序に従い、同項第六号の場合においては、皇位継承の順序に準ずる。

第十八条　摂政又は摂政となる順位にあたる者に、精神若しくは身体の重患があり、又は重大な事故があるときは、皇室会議の議により、前条に定める順序に従つて、摂政又は摂政となる順序を変えることができる。

第十九条　摂政となる順位にあたる者が、成年に達しないため、又は前条の故障があるために、他の皇族が、摂政となつたときは、先順位にあたつていた皇族が、成年に達し、又は故障がなくなつたときでも、皇太子又は皇太孫に対する場合を除いては、摂政の任を譲ることがない。

第二十条　第十六条第二項の故障がなくなつたときは、皇室会議の議により、摂政を廃する。

第二十一条　摂政は、その在任中、訴追されない。但し、これがため、訴追の権利は、害されない。

第四章　成年、敬称、即位の礼、大喪の礼、皇統譜及び陵墓

第二十二条　天皇、皇太子及び皇太孫の成年は、十八年とする。

第二十三条　天皇、皇后、太皇太后及び皇太后の敬称は、陛下とする。

② 前項の皇族以外の皇族の敬称は、殿下とする。

第二十四条　皇位の継承があつたときは、即位の礼を行う。

第二十五条　天皇が崩じたときは、大喪の礼を行う。

第二十六条　天皇及び皇族の身分に関する事項は、これを皇統譜に登録する。

第二十七条　天皇、皇后、太皇太后及び皇太后を葬る所を陵、その他の皇族を葬る所を墓とし、陵及び墓に関する事項は、これを陵籍及び墓籍に登録する。

第五章　皇室会議

第二十八条　皇室会議は、議員十人でこれを組織する。

② 議員は、皇族二人、衆議院及び参議院の議長及び副議長、内閣総理大臣、宮内庁の長並びに最高裁判所の長たる裁判官及びその他の裁判官一人を以て、これに充てる。

③ 議員となる皇族及び最高裁判所の長たる裁判官以外の裁判官は、各々成年に達した皇族又は最高裁判所の長たる裁判官以外の裁判官の互選による。

第二十九条　内閣総理大臣たる議員は、皇室会議の議長となる。

第三十条　皇室会議に、予備議員十人を置く。

② 皇族及び最高裁判所の裁判官たる議員の予備議員については、第二十八条第三項の規定を準用する。

③ 衆議院及び参議院の議長及び副議長たる議員の予備議員は、各々衆議院及び参議院の議員の互選による。

④ 前二項の予備議員の員数は、各々その議員の員数と同数とし、その職務を行う順序は、互選の際、これを定め

る。
⑤ 内閣総理大臣たる議員の予備議員は、内閣法の規定により臨時に内閣総理大臣の職務を行う者として指定された国務大臣を以て、これに充てる。
⑥ 宮内庁の長たる議員の予備議員は、内閣総理大臣の指定する宮内庁の官吏を以て、これに充てる。
⑦ 議員に事故のあるとき、又は議員が欠けたときは、その予備議員が、その職務を行う。
第三十一条 第二十八条及び前条において、衆議院の議長、副議長又は議員とあるのは、衆議院が解散されたときは、後任者の定まるまでは、各々解散の際衆議院の議長、副議長又は議員であつた者とする。
第三十二条 皇族及び最高裁判所の長たる裁判官以外の裁判官たる議員及び予備議員の任期は、四年とする。
第三十三条 皇室会議は、議長が、これを招集する。
② 皇室会議は、第三条、第十六条第二項、第十八条及び第二十条の場合には、四人以上の議員の要求があるときは、これを招集することを要する。
第三十四条 皇室会議は、六人以上の議員の出席がなければ、議事を開き議決することができない。
第三十五条 皇室会議の議事は、第三条、第十六条第二項、第十八条及び第二十条の場合には、出席した議員の三分の二以上の多数でこれを決し、その他の場合には、過半数でこれを決する。
② 前項後段の場合において、可否同数のときは、議長の決するところによる。
第三十六条 議員は、自分の利害に特別の関係のある議事には、参与することができない。
第三十七条 皇室会議は、この法律及び他の法律に基く権限のみを行う。

附則

① この法律は、日本国憲法施行の日から、これを施行する。
② 現在の皇族は、この法律による皇族とし、第六条の規定の適用については、これを嫡男系嫡出の者とする。
③ 現在の陵及び墓は、これを第二十七条の陵及び墓とする。

④　この法律の特例として天皇の退位について定める天皇の退位等に関する皇室典範特例法（平成二十九年法律第六十三号）は、この法律と一体を成すものである。

天皇の退位等に関する皇室典範特例法（平成二十九年六月十六日法律第六三号）

（趣旨）

第一条　この法律は、天皇陛下が、昭和六十四年一月七日の御即位以来二十八年を超える長期にわたり、国事行為のほか、全国各地への御訪問、被災地のお見舞いをはじめとする象徴としての公的な御活動に精励してこられた中、八十三歳と御高齢になられ、今後これらの御活動を天皇として自ら続けられることが困難となることを深く案じておられること、これに対し、国民は、御高齢に至るまでこれらの御活動に精励されている天皇陛下を深く敬愛し、この天皇陛下のお気持ちを理解し、これに共感していること、さらに、皇嗣である皇太子殿下は、五十七歳となられ、これまで国事行為の臨時代行等の御公務に長期にわたり精勤されておられることという現下の状況に鑑み、皇室典範（昭和二十二年法律第三号）第四条の規定の特例として、天皇陛下の退位及び皇嗣の即位を実現するとともに、天皇陛下の退位後の地位その他の退位に伴い必要となる事項を定めるものとする。

（天皇の退位及び皇嗣の即位）

第二条　天皇は、この法律の施行の日限り、退位し、皇嗣が、直ちに即位する。

（上皇）

第三条　前条の規定により退位した天皇は、上皇とする。

2　上皇の敬称は、陛下とする。

3　上皇の身分に関する事項の登録、喪儀及び陵墓については、天皇の例による。

4　上皇に関しては、前二項に規定する事項を除き、皇室典範（第二条、第二十八条第二項及び第三項並びに第三十条第二項を除く。）に定める事項については、皇族の例による。

（上皇后）

第四条　上皇の后は、上皇后とする。
2　上皇后に関しては、皇室典範に定める事項については、皇太后の例による。
（皇位継承後の皇嗣）
第五条　第二条の規定による皇位の継承に伴い皇嗣となった皇族に関しては、皇室典範に定める事項については、皇太子の例による。

附　則

（施行期日）
第一条　この法律は、公布の日から起算して三年を超えない範囲内において政令で定める日から施行する。ただし、第一条並びに次項、次条、附則第八条及び附則第九条の規定は公布の日から、附則第十条及び第十一条の規定はこの法律の施行の日の翌日から施行する。
2　前項の政令を定めるに当たっては、内閣総理大臣は、あらかじめ、皇室会議の意見を聴かなければならない。
（この法律の失効）

第二条　この法律は、この法律の施行の日以前に皇室典範第四条の規定による皇位の継承があったときは、その効力を失う。

（皇室典範の一部改正）

第三条　皇室典範の一部を次のように改正する。

附則に次の一項を加える。

　この法律の特例として天皇の退位について定める天皇の退位等に関する皇室典範特例法（平成二十九年法律第六十三号）は、この法律と一体を成すものである。

（上皇に関する他の法令の適用）

第四条　上皇に関しては、次に掲げる事項については、天皇の例による。

一　刑法（明治四十年法律第四十五号）第二編第三十四章の罪に係る告訴及び検察審査会法（昭和二十三年法律第百四十七号）の規定による検察審査員の職務

二　前号に掲げる事項のほか、皇室経済法（昭和二十二年法律第四号）その他の政令で定める法令に定める事項

2　上皇に関しては、前項に規定する事項のほか、警察法（昭和二十九年法律第百六十二号）その他の政令で定める法令に定める事項については、皇族の例による。

3　上皇の御所は、国会議事堂、内閣総理大臣官邸その他の国の重要な施設等、外国公館等及び原子力事業所の周辺地域の上空における小型無人機等の飛行の禁止に関する法律（平成二十八年法律第九号）の規定の適用については、同法第二条第一項第一号ホに掲げる施設とみなす。

（上皇后に関する他の法令の適用）

第五条　上皇后に関しては、次に掲げる事項については、皇太后の例による。

一　刑法第二編第三十四章の罪に係る告訴及び検察審査会法の規定による検察審査員の職務

二　前号に掲げる事項のほか、皇室経済法その他の政令で定める法令に定める事項

（皇位継承後の皇嗣に関する皇室経済法等の適用）

第六条　第二条の規定による皇位の継承に伴い皇嗣となった皇族に対しては、皇室経済法第六条第三項第一号の規定にかかわらず、同条第一項の皇族費のうち年額によるものとして、同項の定額の三倍に相当する額の金額を毎年支出するものとする。この場合において、皇室経済法施行法（昭和二十二年法律第百十三号）第十条の規定の適用については、同条第一項中「第四項」とあるのは、「第四項並びに天皇の退位等に関する皇室典範特例法（平成二十九年法律第六十三号）附則第六条第一項前段」とする。

2　附則第四条第三項の規定は、第二条の規定による皇位の継承に伴い皇嗣となった皇族の御在所について準用する。

（贈与税の非課税等）

第七条　第二条の規定により皇位の継承があった場合において皇室経済法第七条の規定により皇位とともに皇嗣が受けた物については、贈与税を課さない。

2　前項の規定により贈与税を課さないこととされた物については、相続税法（昭和二十五年法律第七十三号）第十九条第一項の規定は、適用しない。

第八条〜第十条（略）

（宮内庁法の一部改正）

第十一条　宮内庁法（昭和二十二年法律第七十号）の一部を次のように改正する。

附則を附則第一条とし、同条の次に次の二条を加える。

第二条　宮内庁は、第二条各号に掲げる事務のほか、上皇に関する事務をつかさどる。この場合において、内閣府設置法第四条第三項第五十七号の規定の適用については、同号中「第二条」とあるのは、「第二条及び附則第二条第一項前段」とする。

2　第三条第一項の規定にかかわらず、宮内庁に、前項前段の所掌事務を遂行するため、上皇職を置く。

3　上皇職に、上皇侍従長及び上皇侍従次長一人を置く。

4　上皇侍従長の任免は、天皇が認証する。

5　上皇侍従長は、上皇の側近に奉仕し、命を受け、上皇職の事務を掌理する。

6　上皇侍従次長は、命を受け、上皇侍従長を助け、上皇職の事務を整理する。

7　第三条第三項及び第十五条第四項の規定は、上皇職について準用する。

8　上皇侍従長及び上皇侍従次長は、国家公務員法（昭和二十二年法律第百二十号）第二条に規定する特別職とする。この場合において、特別職の職員の給与に関する法律（昭和二十四年法律第二百五十二号。以下この項及び次条第六項において「特別職給与法」という。）及び行政機関の職員の定員に関する法律（昭和四十四年法律第三十三号。以下この項及び次条第六項において「定員法」という。）の規定の適用については、特別職給与法第一条第四十二号中「侍従長」とあるのは「侍従長、上皇侍従長」と、同条第七十三号中「の者」とあるのは「の者及び上皇侍従次長」と、特別職給与法別表第一中「式部官長」とあるのは「上皇侍従長及び式部官長」と、定員法第一条第二項第二号中「侍従長」とあるのは「侍従長、上皇侍従長」と、「及び侍従次長」とあるのは「、侍従次長及び上皇侍従次長」とする。

第三条　第三条第一項の規定にかかわらず、宮内庁に、天皇の退位等に関する皇室典範特例法（平成二十九年法律第六十三号）第二条の規定による皇位の継承に伴い皇嗣となつた皇族に関する事務を遂行するため、皇嗣職を置く。

2　皇嗣職に、皇嗣職大夫を置く。

3　皇嗣職大夫は、命を受け、皇嗣職の事務を掌理する。

4　第三条第三項及び第十五条第四項の規定は、皇嗣職について準用する。

5　第一項の規定により皇嗣職が置かれている間は、東宮職を置かないものとする。

6　皇嗣職大夫は、国家公務員法第二条に規定する特別職とする。この場合において、特別職給与法及び定員法の規定の適用については、特別職給与法第一条第四十二号及び別表第一並びに定員法第一条第二項第二号中「東宮大夫」とあるのは、「皇嗣職大夫」とする。

主な参考文献

【本書全般】【序章】

芦部信喜監修、野中俊彦・戸松秀典・江橋崇・高橋和之・高見勝利・浦部法穂編集『注釈憲法（1）』有斐閣、二〇〇〇（平成一二）年
芦部信喜・高見勝利編著『日本立法資料全集1　皇室典範〔昭和22年〕』信山社、一九九〇（平成二）年
伊藤博文著、宮沢俊義校註『憲法義解』岩波書店、一九四〇（昭和一五）年
井原頼明『増補皇室事典』冨山房、一九四二（昭和一七）年、一九七九（昭和五四）年再版
岩井克己『宮中取材余話　皇室の風』講談社、二〇一八（平成三〇）年
大原康男編著『詳録・皇室をめぐる国会論議』展転社、一九九七（平成九）年
笠原英彦『象徴天皇制と皇位継承』筑摩書房、二〇〇八（平成二〇）年
片山杜秀・島薗進『近代天皇論――「神聖」か、「象徴」か』集英社、二〇一七（平成二九）年
君塚直隆『立憲君主制の現在――日本人は「象徴天皇」を維持できるか』新潮社、二〇一八（平成三〇）年
倉山満『日本一やさしい天皇の講座』扶桑社、二〇一七（平成二九）年
憲法調査会（高尾亮一著）『皇室典範の制定経過』憲法調査会事務局、一九六二（昭和三七）年
皇室事典編集委員会編著『皇室事典』角川学芸出版、二〇〇九（平成二一）年
皇室法研究会編『共同研究　現行皇室法の批判的研究』神社新報社、一九八七（昭和六二）年、二〇一七（平成二九）年増補改訂
小林宏・島善高編著『日本立法資料全集16　明治皇室典範〔明治22年〕（上）』信山社、一九九六（平成八）年

小林宏・島善高編著『日本立法資料全集17　明治皇室典範〔明治22年〕（下）』信山社、一九九七（平成九）年
小林よしのり・田原総一朗『日本人なら知っておきたい天皇論』SBクリエイティブ、二〇一七（平成二九）年
酒巻芳男『皇室制度講話』岩波書店、一九三四（昭和九）年
佐々木惣一『改訂　日本國憲法論』有斐閣、一九五二（昭和二七）年
佐藤幸治『現代法律学講座5　憲法〔第三版〕』青林書院、一九九五（平成七）年
里見岸雄『天皇法の研究』錦正社、一九七二（昭和四七）年
渋谷秀樹『憲法』有斐閣、二〇〇七（平成一九）年
島善高『学際レクチャーシリーズ13　近代皇室制度の形成』成文堂、一九九四（平成六）年
鈴木正幸『皇室制度』岩波書店、一九九三（平成五）年
園部逸夫『皇室法概論』第一法規、二〇〇二（平成一四）年
園部逸夫『皇室制度を考える』中央公論新社、二〇〇七（平成一九）年
高辻正巳『憲法講説（改訂版）』良書普及会、一九六五（昭和四〇）年
竹田恒泰『天皇は本当にただの象徴に堕ちたのか　変わらぬ皇統の重み』PHP研究所、二〇一七（平成二九）年
法令用語研究会編『有斐閣法律用語辞典〔第4版〕』有斐閣、二〇一二（平成二四）年
宮澤俊義著・芦部信喜補訂『全訂　日本国憲法』日本評論社、一九七八（昭和五三）年
横田耕一「『皇室典範』私注」横田耕一・江橋崇編著『象徴天皇制の構造　憲法学者による解読』日本評論社、一九九〇（平成二）年
宮内庁ホームページ　http://www.kunaicho.go.jp/
「皇室典範に関する有識者会議」配付資料　http://www.kantei.go.jp/jp/singi/kousitu/index.html

【第一章】【第二章】

朝日新聞社「変貌する『象徴天皇制』」『論座』一五四号　二〇〇八（平成二〇）年

葦津珍彦ほか『天皇――日本のいのち』日本教文社、一九七一（昭和四六）年
葦津珍彦選集編集委員会編『葦津珍彦選集（第一巻）――天皇・神道・憲法』神社新報社、一九九六（平成八）年
芦部信喜・高見勝利編著『日本立法資料全集7　皇室経済法〔昭和22年〕』信山社、一九九二（平成四）年
石井良助『天皇――天皇の生成および不親政の伝統』山川出版社、一九八二（昭和五七）年
井上亮『象徴天皇の旅　平成に築かれた国民との絆』平凡社、二〇一八（平成三〇）年
今谷明『天皇家はなぜ続いたか』新人物往来社、一九九一（平成三）年
今谷明『象徴天皇の発見』文藝春秋、一九九九（平成一一）年
岩井克己『天皇家の宿題』朝日新聞社、二〇〇六（平成一八）年
鵜飼信成『憲法における象徴と代表』岩波書店、一九七七（昭和五二）年
大原康男『象徴天皇考――政治と宗教をめぐって』展転社、一九八九（平成元）年
大原康男・百地章・阪本是丸『国家と宗教の間――政教分離の思想と現実』日本教文社、一九八九（平成元）年
岡田莊司編『事典　古代の祭祀と年中行事』吉川弘文館、二〇一九（平成三一）年
尾高朝雄『国民主権と天皇制』国立書院、一九四七（昭和二二）年
苅部直「浮遊する歴史――1990年代の天皇論」『社会科学研究』第五八巻第一号三七頁、東京大学社会科学研究所　二〇〇六（平成一八）年
川島裕『随行記　天皇皇后両陛下にお供して』文藝春秋、二〇一六（平成二八）年
川田敬一『近代日本の国家形成と皇室財産』原書房、二〇〇一（平成一三）年
川出清彦『祭祀概説』学生社、一九七八（昭和五三）年
川出清彦『大嘗祭と宮中のまつり』名著出版、一九九〇（平成二）年
河西秀哉『天皇制と民主主義の昭和史』人文書院、二〇一八（平成三〇）年
北山冨久二郎「皇室財政の変遷」『学習院大学政経学部研究年報1』学習院大学政経学会、一九五三（昭和二八）年
宮内庁編『道――天皇陛下 御即位十年記念 記録集』NHK出版、一九九九（平成一一）年

宮内庁編『道――天皇陛下御即位二十年記念記録集』NHK出版、二〇〇九（平成二一）年
黒田覚「象徴天皇制の意義と機能」清宮四郎・佐藤功編『憲法講座第一巻』有斐閣、一九六三（昭和三八）年
小泉信三『小泉信三全集　第一六巻』文藝春秋、一九六七（昭和四二）年
小林よしのり『ゴーマニズム宣言SPECIAL　天皇論　平成29年』小学館：増補改訂版、二〇一七（平成二九）年
小堀桂一郎・所功・古川隆久・八木秀次・土田健次郎「日本人は皇室を守れるのか」『正論』第五六六号　二〇一九（平成三一）年
坂本多加雄『象徴天皇制度と日本の来歴』都市出版、一九九五（平成七）年
坂本多加雄・今谷明・筒井清忠「象徴天皇制と戦後思想」『This　is　読売』第七巻第四号通巻第七七号　一九九六（平成八）年
坂本多加雄『坂本多加雄選集Ⅱ　市場と国家』藤原書店、二〇〇五（平成一七）年
佐々木惣一『天皇の国家的象徴性』甲文社、一九四九（昭和二四）年
佐藤達夫「皇室制度のはなしⅠ」朝陽会、『時の法令』昭和三十四年一月三日号
里見岸雄『天皇とは何か』展転社、一九八九（平成元）年
神保哲生・宮台真司・百地章・横田耕一・板垣恭介・大塚英志・香山リカ・山口二郎『天皇と日本のナショナリズム』春秋社、二〇〇六（平成一八）年
正論編集部「天皇との絆が実感できる100の視座」『正論SP（スペシャル）』vol2、二〇一七（平成二九）年
園部逸夫・水谷三公「皇室典範検討は喫緊の課題　皇室存続の危機を直視しよう」『中央公論』第一二三巻第四号　二〇〇八（平成二〇）年
園部逸夫「象徴天皇制度と天皇の行為」『総調和』第一五七号　二〇一〇（平成二二）年
高橋紘『象徴天皇』岩波書店、一九八七（昭和六二）年
高橋紘『平成の天皇と皇室』文藝春秋、二〇〇三（平成一五）年

谷沢永一『皇室傳統』PHP研究所、一九八九（平成元）年
津田左右吉『津田左右吉全集　第三巻』岩波書店、一九六三（昭和三八）年
恒藤恭『新憲法と民主主義』岩波書店、一九四七（昭和二二）年
帝国学士院編『帝室制度史　第二巻』帝国学士院、一九三八（昭和一三）年
徳富猪一郎『國史より観たる皇室』藤巻先生喜寿祝賀会、一九五三（昭和二八）年
西川恵『皇室はなぜ世界で尊敬されるのか』新潮社、二〇一九（令和元）年
新渡戸稲造全集編集委員会編『新渡戸稲造全集』第一八巻、教文館、一九八五（昭和六〇）年
日本公法学会「公法研究　第一〇号」有斐閣、一九五四（昭和二九）年
半藤一利・保阪正康・井上亮『平成と天皇』大和書房、二〇一九（平成三一）年
福沢諭吉『日本皇室論』時事新報社、一九三〇（昭和五）年
藤田覚『幕末の天皇』講談社、一九九四（平成六）年
穂積陳重『祖先祭祀と日本法律』有斐閣、一九一七（大正六）年
松下圭一『昭和後期の争点と政治』木鐸社、一九八八（昭和六三）年
三浦朱門『天皇――日本の体質』海竜社、二〇〇〇（平成一二）年
水谷三公・坂本多加雄「象徴天皇制度をどう育てるか」『諸君！』第二八巻第三号　一九九六（平成八）年
村松剛／加地伸行／酒井信彦／篠沢秀夫／福田和也「何が「皇室の危機」なのか」『諸君！』第二五巻第一二号　一九九三（平成五）年
百地章『憲法と日本の再生』成文堂、二〇〇九（平成二一）年
森暢平『天皇家の財布』新潮社、二〇〇三（平成一五）年
山折哲雄『天皇の宗教的権威とは何か』河出書房新社、一九九〇（平成二）年
山口昌男『天皇制の文化人類学』立風書房、一九八九（平成元）年
山崎正和（著者代表）『対談　天皇日本史』文藝春秋、一九七四（昭和四九）年

吉田裕・瀬畑源・河西秀哉共編『平成の天皇制とは何か　制度と個人のはざまで』岩波書店、二〇一七（平成二九）年
渡邉允『天皇家の執事　侍従長の十年半』文藝春秋、二〇〇九（平成二一）年
和辻哲郎『和辻哲郎全集　第一四巻』岩波書店、一九六二（昭和三七）年

【第三章】

浅見雅男『皇族と天皇』筑摩書房、二〇一六（平成二八）年
伊藤之雄『昭和天皇と立憲君主制の崩壊』名古屋大学出版会、二〇〇五（平成一七）年
小田部雄次『皇族　天皇家の近現代史』中央公論新社、二〇〇九（平成二一）年
片野真佐子『皇后の近代』講談社、二〇〇三（平成一五）年
宮内庁『皇室制度史料　太上天皇一』吉川弘文館、一九七八（昭和五三）年
宮内庁『皇室制度史料　太上天皇二』吉川弘文館、一九七九（昭和五四）年
宮内庁『皇室制度史料　太上天皇三』吉川弘文館、一九八〇（昭和五五）年
宮内庁『皇室制度史料　皇族一』吉川弘文館、一九八三（昭和五八）年
宮内庁『皇室制度史料　皇族二』吉川弘文館、一九八四（昭和五九）年
宮内庁『皇室制度史料　皇族三』吉川弘文館、一九八五（昭和六〇）年
宮内庁『皇室制度史料　皇族四』吉川弘文館、一九八六（昭和六一）年
宮内庁『皇室制度史料　后妃一』吉川弘文館、一九八七（昭和六二）年
宮内庁『皇室制度史料　后妃二』吉川弘文館、一九八八（昭和六三）年
宮内庁『皇室制度史料　后妃三』吉川弘文館、一九八九（平成元）年
宮内庁『皇室制度史料　后妃四』吉川弘文館、一九九〇（平成二）年
宮内庁『皇室制度史料　后妃五』吉川弘文館、一九九一（平成三）年

宮内庁侍従職監修『歩み――皇后陛下お言葉集』海竜社、二〇〇五（平成一七）年
宮内庁『皇室制度史料　儀制　立太子一』吉川弘文館、二〇一五（平成二七）年
宮内庁『皇室制度史料　儀制　立太子二』吉川弘文館、二〇一七（平成二九）年
新人物往来社『天皇家系譜総覧』『別冊歴史読本』第一一巻第七号、一九八六（昭和六一）年
高久嶺之介「近代皇族の権威集団化過程――その一　近代宮家の編成過程」同志社大学人文科学研究所編『社会科学27』同志社大学人文科学研究所、一九八一（昭和五六）年
高久嶺之介「近代皇族の権威集団化過程――その二　皇族の権威の社会化過程」同志社大学人文科学研究所編『社会科学28』同志社大学人文科学研究所、一九八一（昭和五六）年
高久嶺之介「天皇の家――明治期における皇族の位置」同志社大学人文科学研究所編『同志社大学人文科学研究所研究叢書15　共同研究　日本の家』国書刊行会、一九八一（昭和五六）年
竹田恒泰『語られなかった皇族たちの真実』小学館、二〇〇六（平成一八）年
武部敏夫「世襲親王家の継統について――伏見宮貞行・邦頼両親王の場合」書陵部紀要第一二号四二頁、宮内庁書陵部　一九六〇（昭和三五）年
帝国学士院編『帝室制度史　第四巻』帝国学士院、一九四〇（昭和一五）年
広岡裕児『皇族』読売新聞社、一九九八（平成一〇）年
保阪正康「新宮家創設八人の「皇子候補」」『文藝春秋』第八三巻第三号　二〇〇五（平成一七）年
百地章「皇統を安泰たらしめる「親王家」の役割」『歴史群像シリーズ六九号　歴代天皇全史　万世一系を彩る君臨の血脈』学習研究社、二〇〇三（平成一五）年

【第四章】【終章】

市村真一『皇室典範を改正しなければ、宮家が無くなる』藤原書店、二〇一二（平成二四）年
上田篤『一万年の天皇』文藝春秋、二〇〇六（平成一八）年

大石眞「時の問題 憲法史から考える皇室典範改正論議」『法学教室』第三一五号 二〇〇六（平成一八）年
大原康男「杜撰きわまる最終報告」『Ｖｏｉｃｅ』第三三八号 二〇〇六（平成一八）年
奥平康弘『「萬世一系」の研究』岩波書店、二〇〇五（平成一七）年
奥平康弘「憲法と天皇制「天皇の世継ぎ」問題がはらむもの――「萬世一系」と「女帝」論をめぐって」『世界』第七二九号 二〇〇四（平成一六）年
笠原英彦『女帝誕生――危機に立つ皇位継承』新潮社、二〇〇三（平成一五）年
笠原英彦「皇室典範改正はやはり必要だ 紀子さまご懐妊で、大局を見失うな」『中央公論』第一二一巻第四号 二〇〇六（平成一八）年
笠原英彦『皇室がなくなる日――「生前退位」が突きつける皇位継承の危機』新潮社、二〇一七（平成二九）年
加藤周一ほか編、遠山茂樹校注『日本近代思想大系2 天皇と華族』岩波書店、一九八八（昭和六三）年
河本學嗣郎「皇統の永続のために」『国体文化』第九九三号 二〇〇七（平成一九）年
河本學嗣郎「皇統は何故尊貴なのか（その一）」『国体文化』第九九四号 二〇〇七（平成一九）年
河本學嗣郎「皇統は何故尊貴なのか（その二）」『国体文化』第九九五号 二〇〇七（平成一九）年
河本學嗣郎「女系も皇統に属する」『国体文化』第九九七号 二〇〇七（平成一九）年
河本學嗣郎「万世一系不滅の確信」『国体文化』第九九八号 二〇〇七（平成一九）年
幻冬舎「特集天皇論と家族論」わしズム第一二号 二〇〇四（平成一六）年
河内祥輔『中世の天皇観』日本史リブレット22、山川出版社、二〇〇三（平成一五）年
小嶋和司「「女帝」論議」『小嶋和司憲法論集二 憲法と政治機構』木鐸社、一九八八（昭和六三）年
小林宏「明治皇室典範における皇位継承法の成立――西欧法受容における律令法の意義に寄せて」（瀧川博士米寿記念会編『律令制の諸問題 瀧川政次郎博士米寿記念論集』汲古書院、一九八四（昭和五九）年
小林宏「井上毅の女帝廃止論――皇室典範第一条の成立に関して」梧陰文庫研究会編『明治国家形成と井上毅』三三五頁、木鐸社、一九九二（平成四）年

小林よしのり『ゴーマニズム宣言SPECIAL　新天皇論』小学館、二〇一〇（平成二二）年
小堀桂一郎・櫻井よしこ・八木秀次『「女系天皇論」の大罪』PHP研究所、二〇〇六（平成一八）年
小森義峯「女帝に関する憲法政策学的考察」憲法論叢第三号一頁、関西憲法研究会、一九九六（平成八）年
斎藤吉久「女系継承は天皇の制度といえるのか」『正論』第四〇四号　二〇〇五（平成一七）年
櫻井よしこ・篠沢秀夫・高橋紘・竹田恒泰・保阪正康・松崎敏彌「危機の皇室三つの謎」『文藝春秋』第八四巻第四号　二〇〇六（平成一八）年
櫻井よしこ・竹田恒泰・百地章『「女性宮家創設」ここが問題の本質だ！』明成社、二〇一二（平成二四）年
櫻田淳「皇位継承の一切を皇室の判断にゆだねよ」『論座』第一一四号　二〇〇四（平成一六）年
佐藤弘夫『神国日本』筑摩書房、二〇〇六（平成一八）年
産経新聞社「特集　天皇陛下「譲位の御意向」に思う」『正論』第五三八号　二〇一六（平成二八）年
鈴木邦男・佐藤由樹『天皇家の掟——「皇室典範」を読む』祥伝社、二〇〇五（平成一七）年
鈴木邦男『愛国者は信用できるか』講談社、二〇〇六（平成一八）年
高橋紘・所功『皇位継承』文藝春秋、一九九八（平成一〇）年
高橋紘・八木秀次「男系・女系激突対談　悠仁さま御誕生で皇室典範はこう改正しよう」『諸君！』第三八巻第一一号　二〇〇六（平成一八）年
高森明勅「いはゆる「女帝」論をめぐつて」立正第八八一号　一九九七（平成九）年
高森明勅「改めて提起する　皇室典範改正の「焦点」は何か」『正論』第三九九号　二〇〇五（平成一七）年
高森明勅『歴史で読み解く女性天皇』ベストセラーズ、二〇一二（平成二四）年
高森明勅『天皇「生前退位」の真実』幻冬舎、二〇一六（平成二八）年
竹田恒泰・井尻千男「21世紀の仕掛け人　旧皇族の活用なしに万世一系は守れない」『Ｖｏｉｃｅ』第三四〇号　二〇〇六（平成一八）年
竹田恒泰「これをやらずに何をやる　旧宮家復活なくして日本の存続なし」『正論』第五六三号　二〇一八（平成三

〇）年
田中卓『女帝・女系反対論に対する批判と私見——原則、「有識者会議」報告に賛同し、政府案に要望す』国民会館、二〇〇六（平成一八）年
田中卓「〝女系天皇〟の是非は君子の論争で」『諸君！』第三八巻第五号　二〇〇六（平成一八）年
中央公論新社「特集　天皇と皇室の将来」『中央公論』第一三〇巻第九号　二〇一六（平成二八）年
帝国学士院編『帝室制度史　第三巻』帝国学士院、一九三九（昭和一四）年
所功『皇室典範と女性宮家　なぜ皇族女子の宮家が必要か』勉誠出版、二〇一二（平成二四）年
所功『象徴天皇「高齢譲位」の真相』ベストセラーズ、二〇一七（平成二九）年
中川八洋『皇統断絶——女性天皇は、皇室の終焉』ビジネス社、二〇〇五（平成一七）年
中川八洋「高森明勅氏の「女系天皇論」に反論する」『正論』第四〇二号　二〇〇五（平成一七）年
中川八洋「天皇・皇族を皇位継承審議から排斥してよいか」『正論』第四〇五号　二〇〇六（平成一八）年
中川八洋『悠仁天皇と皇室典範』清流出版、二〇〇七（平成一九）年
中島英迪『皇位継承を考える——男系主義への疑問』イグザミナ、二〇〇七（平成一九）年
中野正志『女性天皇論——象徴天皇制とニッポンの未来』（朝日新聞社、二〇〇四（平成一六）年
中野正志『万世一系のまぼろし』朝日新聞社、二〇〇七（平成一九）年
西尾幹二「皇室典範問題と人権擁護法案を問う」『Voice』第三三六号　二〇〇五（平成一七）年
西尾幹二・竹田恒泰『女系天皇問題と脱原発』飛鳥新社、二〇一二（平成二四）年
仁藤敦史『女帝の世紀——皇位継承と政争』角川学芸出版、二〇〇六（平成一八）年
PHP研究所「総力特集「国体の危機」を超えて」『Voice』第四六六号　二〇一六（平成二八）年
弘兼憲史・西部邁『本日の雑談9　第Ⅱ期①』飛鳥新社、二〇〇六（平成一八）年
藤原正彦・工藤美代子「皇室伝統は「人類の宝石」」『Voice』第三三八号　二〇〇六（平成一八）年
文藝春秋「総力特集天皇「生前退位」の衝撃」『文藝春秋』第九四巻第一三号　二〇一六（平成二八）年

保阪正康・所功・岩井克己「眞子さま降嫁で皇族が消える日」『文藝春秋』第九五巻第七号　二〇一七（平成二九）年
保阪正康／所功／百地章／本郷和人／三浦瑠麗「〈男系か女系か〉「愛子天皇」大論争」『文藝春秋』第九七巻第七号　二〇一九（令和元）年
保阪正康・原武史「天皇と民主主義」『月刊現代』第四〇巻第二号　二〇〇六（平成一八）年
松本陽一『女系皇位継承は日本の伝統』新風書房、二〇〇六（平成一八）年
松本健一「皇室の伝統とは一体何か　女系天皇も容認すべき秋（とき）」『中央公論』第一二一巻第三号　二〇〇六（平成一八）年
百地章「皇位継承問題と「女帝」論」『歴史群像シリーズ六九号　歴代天皇全史　万世一系を彩る君臨の血脈』学習研究社、二〇〇三（平成一五）年
八木秀次『本当に女帝を認めてもいいのか』洋泉社、二〇〇五（平成一七）年
八幡和郎『誤解だらけの皇位継承の真実』イースト・プレス、二〇一八（平成三〇）年
八幡和郎「悠仁様の後にも備える　現実的な皇統維持策」『正論』第五七三号　二〇一九（令和元）年
読売新聞社「特集女性天皇の時代」『Ｔｈｉｓ　ｉｓ　読売』通巻第七一号　一九九六（平成八）年
渡部昇一・中川八洋『皇室消滅』ビジネス社、二〇〇六（平成一八）年
渡部昇一・百地章「皇室典範の改悪を許すな」『Ｖｏｉｃｅ』第三三七号　二〇〇六（平成一八）年
渡部昇一／平沼赳夫／下村博文／櫻井よしこ／田久保忠衛／萩野貞樹／小田村四郎／屋山太郎「平成の和気清麻呂、出でよ！」『正論』第四〇六号　二〇〇六（平成一八）年
ワック「天皇「生前退位」の衝撃！」『月刊ＷｉＬＬ』第一四一号　二〇一六（平成二八）年

おわりに

皇室制度を語ろうとする場合、森羅万象にわたる知識があってようやくそのスタートラインに立つことができます。これが、この二十年間、皇室制度について法制面から論じた文章を著わし、あるいは様々な議論の場に加わる機会をいただいた者としての率直な感想です。

こうした思いもあり本書の執筆は当初遠慮したところでした。そこに筑摩書房編集部の伊藤笑子氏から、皇室を巡る昨今の状況の中で皇室制度について一般読者向けの図書が必要であるとの熱心な執筆のお誘いがあり、法制度という極めて限定的な側面からでよければということでお引き受けしてまとめたのがこの『皇室法入門』です。

本書では皇室制度を構成する諸制度について憲法第一章と皇室典範、同特例法、皇室経済法といった法律の条文に沿いつつ、基本でありかつ重要な事柄について解説を付しています。

ただその際、条文の文言の説明のみではなく個々の制度の背景にある基本的な考え方、理念が読者に伝わるよう留意しました。皇室制度の個々の課題について考える際には、制度の基本にある考え方を理解した上で課題への対応を考えていくことが、一見遠回りに見えて、実は制度の在り方にふさわしい解決策につながると考えるからです。

本書は、我が国の将来において皇室制度がどうあるべきかを描くという性格のものではありません。現行憲法が定める象徴天皇制度の維持・継続が望ましいという前提のもとで、いかにすればそれが可能かという観点から現行制度の意義と課題を整理し、課題を考えるための論点の説明に紙幅を割きました。

皇位継承制度の今後の見通しが不明であり、他方で皇室のご活動維持が可能かどうかも分からないという状況が続いています。こうした状況のままでは皇室の方々のご負担が一層重くなることが懸念されます。

問題の解決が急がれる今、最終的には国民一人一人の判断が議論の方向を決めると私は考えています。本書は制度に関わる諸課題についてどのような観点から判断すべきかを示していますが、実際に判断するに当たって必要となる材料は示していません。個々の論点について判断していくためには、あらゆる分野についての知識と、ある判断をした場合それが社会や国家に与える影響を知ることが必要となります。それを示すのは私ではなくそれぞれの分野の専門家であり、それを統合する賢者ということになりましょう。

本書は問題解決に必要な検討事項の入り口の前まで読者を案内しています。その門を開けて検討を進めるのは、さらに知識を取得し様々な議論を見聞きし判断を進める読者一人一人であると考えています。その意味でも本書は入門のための書であります。読者の皆さんが門に入ってさらに進むための後押しになり、皇室制度に関する様々な課題について象徴天皇制度にふさわしい議論が国民的に進むこととなれば、著者にとっては望外の幸せです。

本書の作成に当たっては、初めに述べたように筑摩書房編集部の伊藤氏に大変お世話になりました。執筆をためらう私を説得し、また途中原稿を丁寧に読まれ多くの貴重な助言をいただきました。こうして本書が完成したのも伊藤氏の尽力があってこそであります。改めて感謝の意を表します。

令和元年　大礼の秋

園部逸夫

ちくま新書
1470

皇室法入門《こうしつほうにゅうもん》

二〇二〇年一月一〇日 第一刷発行

著　者　園部逸夫（そのべ・いつお）
発行者　喜入冬子
発行所　株式会社 筑摩書房
東京都台東区蔵前二-五-三　郵便番号一一一-八七五五
電話番号〇三-五六八七-二六〇一（代表）
装幀者　間村俊一
印刷・製本　株式会社 精興社

ISBN978-4-480-07276-4 C0232

ちくま新書

1299 平成デモクラシー史　清水真人
90年代の統治改革が政治の風景をがらりと変えた。「小泉劇場」から民主党政権を経て「安倍一強」へ。激動の30年を俯瞰し、「平成デモクラシー」の航跡を描く。

465 憲法と平和を問いなおす　長谷部恭男
情緒論に陥りがちな改憲論議と冷静に向きあうには、そもそも何のための憲法かを問う視点が欠かせない。この国のかたちを決する大問題を考え抜く手がかりを示す。

594 改憲問題　愛敬浩二
戦後憲法はどう機能してきたか。改正でどんな効果が期待できるのか。改憲論議にはこうした実質を問う視角が欠けている。改憲派の思惑と帰結をクールに斬る一冊!

1122 平和憲法の深層　古関彰一
日本国憲法制定の知られざる内幕。そもそも平和憲法は押し付けだったのか。天皇制、沖縄、安全保障……その背後の政治的思惑、軍事戦略、憲法学者の主導権争い。

1176 迷走する民主主義　森政稔
政権交代や強いリーダーシップを追求した「改革」がもたらしたのは、民主主義への不信と憎悪だった。その背景に何があるのか。政治の本分と限界を冷静に考える。

1195 「野党」論――何のためにあるのか　吉田徹
野党は、民主主義をよりよくする上で不可欠のツールだ。そんな野党に多角的な光を当て、来るべき野党を、これからの対立軸を展望する。「賢い有権者」必読の書!

1199 安保論争　細谷雄一
平和はいかにして実現可能なのか。安保関連法をめぐる激しい論戦のもと、この重要な問いが忘却されてきた。外交史の観点から、現代のあるべき安全保障を考える。